CURSO DE FORMACION TEOLOGICA EVANGELICA

Volumen XI - 2

MINISTROS DE JESUCRISTO
(Pastoral)

ESTE CURSO DE FORMACION TEOLOGICA EVANGELICA:

I. **INTRODUCCION A LA TEOLOGIA**
   Por J. Grau
II. **UN DIOS EN TRES PERSONAS**
   Por F. Lacueva
III. **EL HOMBRE: SU GRANDEZA Y SU MISERIA**
   Por F. Lacueva
IV. **LA PERSONA Y LA OBRA DE JESUCRISTO**
   Por F. Lacueva (en preparación)
V. **DOCTRINAS DE LA GRACIA**
   Por F. Lacueva
VI. **LA IGLESIA, CUERPO DE CRISTO**
   Por F. Lacueva
VII. **ESCATOLOGIA: FINAL DE LOS TIEMPOS**
   Por J. Grau
VIII. **CATOLICISMO ROMANO**
   Por F. Lacueva
IX. **HISTORIA DE LA IGLESIA**
   Por J. Grau (en preparación)
X. **ETICA CRISTIANA**
   Por F. Lacueva
XI. **MINISTROS DE JESUCRISTO** (en 2 tomos)
   Tomo 1: MINISTERIO Y HOMILETICA
   Tomo 2: PASTORAL
   (Manual para pastores, misioneros y predicadores), por J. M. Martínez

PUBLICADO BAJO LOS AUSPICIOS DE LA
«MISION EVANGELICA BAUTISTA EN ESPAÑA»

CURSO DE FORMACION TEOLOGICA EVANGELICA

Volumen XI - 2

MINISTROS DE JESUCRISTO
(Pastoral)

por
José M. Martínez

Libros CLIE
Galvani, 113
08224 TERRASSA (Barcelona)

MINISTROS DE JESUCRISTO (PASTORAL)

© 1977 por José M. Martínez

Reservados todos los derechos
Pueden ser impresos fragmentos citando el autor y
el libros de procedencia

Depósito Legal: B-35109-2005

ISBN 84-7228-330-5

INDICE

TERCERA PARTE
EL MINISTERIO PASTORAL

Sección A: Cura de almas

Cap. XVI. Concepto bíblico del pastorado . .	9
Cap. XVII. Psicología y pastoral	24
Cap. XVIII. El pastor como consejero . . .	38
Cap. XIX. Problemas de fe	52
Cap. XX. Sentimientos de culpa	62
Cap. XXI. Experiencias de tribulación . . .	78
Cap. XXII. Problemas conyugales	90
Cap. XXIII. La problemática de la juventud . .	106
Cap. XXIV. Problemas en relación con la iglesia.	118
Cap. XXV. La disciplina	131

Sección B: El pastor como dirigente

Cap. XXVI. La autoridad pastoral	142
Cap. XXVII. La organización en la iglesia . .	151

Cap. XXVIII. *La función directiva* 160
Cap. XXIX. *Las relaciones humanas en la gestión directiva* 171
Cap. XXX. *Reuniones administrativas* . . . 178
Cap. XXXI. *La dirección del culto* 186
Cap. XXXII. *La iglesia local y la evangelización.* 197
Cap. XXXIII. *La enseñanza* 210
Cap. XXXIV. *Comunión y servicio* 221
Epílogo 235
Selección bibliográfica 241

Tercera parte
EL MINISTERIO PASTORAL

Sección A
Cura de almas

Capítulo XVI

CONCEPTO BIBLICO DEL PASTORADO

Necesidad del ministerio pastoral

La predicación, como hemos visto, es una actividad importantísima. Pero resulta insuficiente para lograr plenamente los fines del ministerio. Por inspirada que sea, no pasa de ser un monólogo, con todas las limitaciones que este tipo de comunicación lleva aparejadas. Al final del mejor de los sermones, siempre quedan preguntas sin contestar, dudas sin desvanecer, problemas sin resolver. Nada digamos de la inoperancia de la predicación cuando la persona que oye se encuentra, a causa de prejuicios, preocupaciones o sentimientos negativos, impermeabilizada a las palabras del predicador. En este caso el fruto del púlpito es nulo. Pero lo que no se consigue mediante veinte discursos puede lograrse muchas veces por medio de una conversación.

Desligada del contacto directo con los oyentes, la predicación puede incluso convertirse en mero ejercicio intelectual carente de calor humano, de identificación con el pueblo y, por consiguiente, ineficaz para la mayoría del auditorio. Falta la receptividad producida por la comunión entre orador y oyentes. En tal caso, podría reproducirse el comentario que en cierta ocasión se hizo de un ministro cristiano: «Durante seis días de la semana es invisible, y el domingo, incomprensible.»

Por otro lado, aun los mensajes recibidos con la mejor disposición espiritual no siempre resultan fáciles de poner en práctica. La idiosincrasia y las circunstancias de cada persona pueden bloquear sus buenos deseos. Por eso las enseñanzas generales impartidas a través de la predicación deben ser complementadas y aplicadas de modo particular según la situación de cada oyente. Podría decirse que lo que el predicador siembra desde el púlpito debe regarlo con sus contactos pastorales.

El apóstol Pablo comprendió lo inseparable de estas dos formas de servicio. La maestría con que combinó ambas es, sin duda, el secreto del éxito que Dios le concedió en lugares como Tesalónica (I Tes. 2:11) y Efeso (Hec. 20:20).

En los primeros siglos de la Iglesia, se dio gran importancia a la labor pastoral. Ignacio de Antioquía se distinguió por el conocimiento que tenía de los miembros de la iglesia. Cipriano de Cartago exhorta a la diligencia con objeto de evitar que, por el descuido, perezcan las ovejas de Cristo (1).

También en los días de la Reforma se atribuyó especial valor a esta faceta del ministerio. Calvino da testimonio de la abundante cosecha espiritual recogida en Ginebra como resultado de la obra sistemática de visitación hecha por los ancianos para tratar de modo íntimo con los miembros de la iglesia sus problemas espirituales.

Las ventajas de esta obra no son exclusivas de las «ovejas». También el pastor se beneficia de ella. En contacto con su pueblo, aumentará su bagaje de conocimientos relativos a la naturaleza humana, a los anhelos, inquietudes, necesidades, luchas de quienes le rodean, lo que le enriquecerá con ideas y experiencias utilísimas.

El pastor a la luz de la Escritura

En el Antiguo Testamento se presenta repetidas veces a Dios como el pastor, guía y protector de Israel (Sal. 23:1-4;

---

1. Epíst. LXVIII.

28:9; 74:1; 78:52 y ss.; 80:1; 95:7; 100:3; Is. 40:11; Jer. 23:3; 31:10; 50:19; Ez. 34:11-22; Miq. 4:6-8). También se usa la figura para designar a los dirigentes políticos del pueblo, quienes, en su mayoría, cumplieron mal su misión (II Sam. 7:7; Is. 56:10; Jer. 2:8; 3:15; 10:21; 22:22; 23:1-4; 25:34-36; 50:6; Ez. 34:2-10; Zac. 10:3; 11:5, 15-17). El estudio de todos estos pasajes es muy iluminador y todo ministro haría bien en meditarlos detenidamente.

En el Nuevo Testamento, como era de esperar, es Jesús mismo el primero en apropiarse la metáfora con objeto de ilustrar su misión en el mundo y la relación que le uniría a sus redimidos. El es «el buen Pastor» (Jn. 10:11, 14). El adjetivo que se usa en el original griego es *kalos*, que expresa no sólo la idea de bondad, sino también la de hermosura. «Es una imagen espléndida que irradia un resplandor de belleza celestial» (M. Pfliegler). Otros textos dan relieve a esta imagen (Mt. 15:24; 18:12-14; Mc. 6:34; Luc. 12:32; 15:3-7) que, evidentemente, impresionó a los apóstoles. Pedro da a Cristo los títulos de «Pastor y Obispo de vuestras almas» (I Ped. 2:25) y «Príncipe de los pastores» (I Ped. 5:4). El autor de la carta a los Hebreos ve, asimismo, en El al «gran Pastor de las ovejas» (Heb. 13:20). En efecto, la más exquisita dedicación pastoral caracterizó el ministerio público del Salvador, lo que hizo de El Señor y ejemplo de los pastores que a lo largo de los siglos habrían de dirigir la Iglesia. «Sólo en la medida en que vemos la obra pastoral de Cristo mismo como parte del conjunto de su obra redentora podemos comprender rectamente la primacía de su propia labor pastoral, así como el carácter y alcance del ministerio pastoral de la Iglesia. La Iglesia no tiene función pastoral propia; si hay cristianos que son llamados a ser pastores, son únicamente subpastores. Del mismo modo que sólo hay un Sumo Sacerdote, así hay sólo un Buen Pastor. Sin embargo, pertenecer a la Iglesia de Cristo equivale a estar comprometidos en su obra sacerdotal y pastoral. Es únicamente en este sentido como podemos hablar de «pastores cristianos» (2).

Cristo mismo enfatizó este significado de la pastoría en su Iglesia cuando encomendó a Pedro —en el momento de su restauración— el cuidado de su rebaño (Jn. 21:15-17. «Apacienta mis corderos... Pastorea mis ovejas.» No eran los corderos y ovejas de Pedro o del colegio apostólico. Eran la grey del Señor.

La importancia del ministerio pastoral resalta tanto en los Hechos como en las Epístolas. Pronto en la Iglesia de Jerusalén aparecen los ancianos en estrecha colaboración con los apóstoles (Hec. 11:30; 15:2). Pablo y Bernabé constituyeron ancianos en cada una de las iglesias fundadas en su primer viaje misionero (Hec. 14:23). El carácter eminentemente pastoral del ministerio de los ancianos se advierte en el mensaje dirigido por el apóstol Pablo a los de Éfeso (Hec. 20:17, 28). Es precisamente en su carta a los Efesios donde Pablo, en un enfoque teológico del ministerio, sitúa a los pastores (con funciones también de maestros) junto a los apóstoles, profetas y evangelistas (Ef. 4:11). En sus cartas pastorales da especial atención a los requisitos de los ancianos (obispos o pastores, términos los tres sinónimos), a su trabajo y a sus relaciones con la iglesia (I y II Tim. y Tito). De modo resumido, Pedro subraya igualmente la obra de pastoreo a que deben dedicarse los ancianos, con los que él mismo se identifica (I Ped. 5:1-3). Todos estos pasajes nos muestran la gran solicitud que los dirigentes de las iglesias locales deben tener en la cura de almas.

Responsabilidades pastorales

Nos son sugeridas por la riqueza de la metáfora bíblica que nos ocupa y confirmadas por la enseñanza de la Escritura. Veamos las más importantes:

---

2. Frederick Greeves, *Theology and the Cure of Souls*, p. 9.

Provisión de alimento espiritual

Los «pastos delicados» (Salm. 23:2) deben ser puestos al alcance de las ovejas, lo que equivale a decir que la grey del Señor debe ser instruida en su Palabra (I Tim. 3:16, 17; I Ped. 1:23-2:3). Tal es la finalidad de la predicación; pero también la de los contactos personales (Hec. 8:35; 18:26; I Tes. 2:11, 12). Los problemas más graves de algunas iglesias se deben a la desnutrición espiritual que debilita a sus miembros y los expone a errores, actitudes carnales, debilidades y extravíos de todas clases. Un creyente bien alimentado espiritualmente tendrá y creará, por lo general, menos dificultades que el que carece del necesario sustento de la Palabra. Además, la oveja satisfecha, difícilmente codicia prados extraños.

Protección

En lenguaje incomparable, expone el Señor este aspecto del trabajo pastoril (Jn. 10:10-15). El encargo solemne que hizo Pablo a los ancianos de Efeso es igualmente impresionante (Hec. 20:28-30). El pastor, mediante su enseñanza bíblica y su ejemplo, debe proteger a sus hermanos de los falsos profetas —incluso los que surgen del seno de la propia Iglesia—, de las corrientes de pensamiento y formas de vida de cada época contrarias al Evangelio, de las influencias secularizantes del mundo, de todo precursor del anticristo (I Tim. 4:1-6; II Tim. 3; I Jn. 2:18-20; 4:1-6; Jud. 3-4).

En la práctica, la protección se extenderá más allá de lo doctrinal. Atenderá a los problemas íntimos de cada persona, a sus dudas, conflictos morales, debilidades, traumas, etcétera, que pudieran amenazar su integridad espiritual. Y cuando una oveja ha sufrido alguna herida, el pastor se esmerará en curarla. Ese es el propósito de Dios (Ez. 34:16).

Dirección

A semejanza de Cristo (Jn. 10:3,4), el pastor fiel conduce a sus ovejas. Esta tarea es delicada. No puede llevarse a cabo por la fuerza; el pastor no «arrastra» a sus ovejas; simplemente las «saca» (*exagei auta* —literalmente, guía o conduce afuera, del aprisco a los pastos). El éxito en esta misión tiene un secreto: el pastor «va delante» del rebaño (Jn. 10:4). La dirección de sus pasos determina la de las ovejas. No puede esperarse que éstas lleguen muy lejos si el pastor se queda atrás. Pocas cosas influyen tanto en la buena marcha de una iglesia como el ejemplo de sus líderes. Por eso exhorta Pedro a los ancianos a que sean modelos de la grey (I Ped. 5:3).

Con el estímulo de este ejemplo, el pueblo del Señor debe ser guiado, según las orientaciones de la Palabra de Dios, a través de las dificultades, tentaciones, tribulaciones y también de las oportunidades de servicio que encuentra a diario en su peregrinar cristiano.

Corrección

Todavía hoy, las piedras y el perro prestan un gran servicio al pastor cuando una oveja tiende a rezagarse o extraviarse. En las cartas de los apóstoles abundan las admoniciones e incluso represiones severas. Pablo tuvo que consumir gran parte de su tiempo y de sus energías subsanando errores y rectificando formas de conducta contrarias al verdadero cristianismo. Recuérdense sus cartas a las iglesias de Galacia, Corinto y Colosas. Y en sus consejos de orientación pastoral dados a Timoteo y Tito, insiste en la necesidad de corregir todo lo torcido (I Tim. 1:3; 5:20; 6:17; II Tim. 2:14; 4:2; Tito 1:5, 13). Hay una tolerancia mal entendida que más bien es infidelidad al Evangelio.

Esto no excluye la necesidad de que, en las acciones correctivas, se obre con comprensión y mansedumbre (I Tim. 2:24, 25).

Consolación

Por cada vez que el pastor tenga que corregir, se verá diez veces en la necesidad de consolar. En el zurrón pastoril nunca debe faltar el aceite suavizador. Cuando el Espíritu de Dios está sobre uno de sus siervos, el ministerio es acción en favor de los abatidos, de los quebrantados de corazón, de los cautivos, de los enlutados, de los afligidos, a quienes debe suministrarse el óleo de gozo contenido en el mensaje evangélico (Is. 61:1-3).

Dios mismo, el gran Pastor de Israel, prorrumpe en exclamaciones consolatorias cuando su pueblo, después del cautiverio babilónico, inicia una nueva era de su historia (Is. 40:1). Jesucristo, con sus numerosos milagros de amor, infundió aliento a innumerables seres humanos. El Espíritu Santo es el *Parákletos* (persona llamada para estar al lado de otra a fin de ayudarla) (Jn. 14:16, 26; 15:26; 16:7). La traducción de este término en la versión de Reina-Valera por «Consolador» no es del todo afortunada; pero subraya una de las acciones que el Espíritu Santo realiza en el creyente. Y los apóstoles, guiados por el Espíritu, fueron grandes consoladores. El ejemplo de Pablo descuella de modo inspirador (Hec. 16:40; II Cor. 1:4-7; 2:7; Ef. 6:22; Col. 4:8; I Tes. 2:11; 3:2; 5:14).

La eficacia pastoral no se mide tanto por la ortodoxia o por el celo desplegados en el trabajo como por el aliento impartido a cada creyente para proseguir su vida cristiana con fuerzas renovadas.

Restauración

El pastor cristiano debe tener la misma preocupacion que su Señor por las ovejas perdidas que están lejos del redil (Luc. 15:4-4; 19:10 y Jn. 10:16). Ha de sentir el anhelo de alcanzar con el Evangelio a los inconversos. Pero debe velar con pasión no menor por los que ya pertenecen a la grey. Sucede a menudo que pastores e iglesias concentran sus esfuerzos en actividades evangelísticas con objeto de ganar almas; pero casi tan pronto como éstas se han convertido, quedan prácticamente sin la atención y cuidado que necesitan. En muchos casos, el recién convertido ha de enfrentarse con conflictos que exceden a su capacidad espiritual; y sucumbe o se limita simplemente a vegetar en la experiencia cristiana. Esto puede acontecer también en creyentes más formados, incluso años después de su conversión, ante el embate de contrariedades o a causa de un debilitamiento de la fe. En cualquier caso, no debiera faltar el cuidado pastoral. También sobre este punto, el capítulo 34 de Ezequiel (en especial el versículo 16) nos ofrece importantes lecciones.

La obra de restauración debe iniciarse tan pronto como se ve una anomalía importante en la vida del creyente. No conviene esperar al enfriamiento total. Entonces puede ser demasiado tarde. Cuando se observa que la fe de un hermano decae, que va abandonando sus responsabilidades en la iglesia, espaciando su asistencia a los cultos o adoptando sistemáticamente actitudes negativas; cuando los intereses temporales desplazan peligrosamente a los intereses espirituales en la escala de prioridades; cuando algún problema moral no resuelto le tortura; cuando se intuyen dificultades serias en su vida íntima o familiar, es hora de proceder a un acercamiento fraternal con objeto de ayudar a tal hermano y restaurarlo a una vida de plenitud espiritual.

Características del pastor

Las básicas son las expuestas ya en la primera parte de esta obra. Sin embargo, hay algunas cualidades especiales que deben distinguir al ministro en su actividad pastoral.

Conocimiento personal de la grey

«Yo conozco mis ovejas», dijo Jesús (Jn. 10:14). Y las conoce individualmente, las «llama por su nombre» (Jn. 10:3). El sabe bien lo que hay en cada ser humano (Jn. 2:25). Por eso su acción pastoral se ajusta a la necesidad particular de cada persona. Las palabras y el modo de obrar de Jesús con Natanael, con la samaritana, con Leví o con Zaqueo fueron determinados por el conocimiento que Jesús tenía de cada uno de ellos. Lo mismo puede decirse de su obra de enseñanza entre los apóstoles.

El pastor ha de conocer a los miembros de su iglesia lo más íntimamente posible, por difícil que esto sea, sobre todo en iglesias grandes. Ha de conocer el temperamento de cada miembro, lo más importante de su vida, su estado de salud, sus circunstancias familiares, las características de su situación laboral, su experiencia espiritual, tanto en sus aspectos positivos como en los negativos.

Al conocimiento debe unirse el reconocimiento, el respeto y la aceptación de cada persona con todas sus peculiaridades, con sus virtudes y defectos. Cada una ha de ser de valor inestimable a ojos del pastor, pues ha sido —y es— objeto de la gracia de Dios. Cada una ha de poder percatarse de que es tenida en cuenta y amada. Idealmente, todo creyente habría de poder ver en el pastor una ilustración, aunque pálida e imperfecta, de Cristo, de quien Pablo dice con la intensidad emotiva de una relación personal: «Me amó y se dio a sí mismo por mí» (Gál. 2:20).

La importancia de este punto no podrá enfatizarse nunca desmesuradamente. Y menos en nuestros días en que las corrientes sociológicas tienden a despersonalizar al hombre. En una época de masificación creciente en que el individuo es engullido por la colectividad, prácticamente anulado por estructuras socioeconómicas deshumanizadas y valorado sólo por lo que produce, el pastor tiene que ser muy consciente del valor de cada persona en sí. Sería fatal que viera en la iglesia una empresa y en sus miembros meros productos espirituales o elementos de producción. El pastor trabaja con hombres y éstos deben ser el objeto de su atención personal y de su afecto. Ellos mismos son el fin de su obra (Col. 1:28, 29), no un medio más o menos mecánico para montar un tinglado eclesiástico.

Toda persona se da pronto cuenta y suele responder positivamente cuando es objeto de interés y afecto, cuando alguien se preocupa sinceramente de ella y de sus circunstancias. El pastor que comprende este hecho y actúa consecuentemente está en condiciones de hacer una gran obra; el que lo ignora difícilmente verá grandes resultados de su labor.

Simpatía

Cuando nuestros hermanos viven horas de tensión, de soledad, de amargura, de frustración, nada les hará tanto bien como la presencia de alguien que se acerque a ellos con el sentir compasivo que hubo en Cristo Jesús. La identificación con sus hermanos ha de ser distintivo del ministro. «¿Quién enferma y yo no enfermo?», preguntaba Pablo con vehemencia (II Cor. 11:29).

Aun en los casos en que se haga necesaria la represión o la condenación de un pecado determinado, no puede faltar la caridad. Dos razones obligan a ello. En primer lugar, el hecho de que también el ministro tiene sus propios defectos (I Cor. 10:12; Gál. 6:1). En días del Antiguo Testamento, el sumo sacerdote debía distinguirse por su magnanimidad: «Que se muestre paciente con los ignorantes y debilitados, puesto que él también está rodeado de debilidad» (Heb. 5:2). En segundo lugar, porque tanto la naturaleza como la conducta humana, complejísimas, sufren las consecuencias nefastas del pecado. Y el pecado, siempre reprobable, debe siempre despertar en nosotros un amor profundo hacia el pecador. Este es el sentimiento de nuestro Padre celestial, a quien debemos imitar (Ef. 5:1, 2).

En la medida en que amamos, ahondamos en el conocimiento de nuestros semejantes. Como escribió Nikolai Berdiaiev, «no conocemos el último secreto, la última profundidad del corazón humano; esto se revela sólo al que ama» (3).

Sencillez

El pastor ha de apropiarse las palabras de Jesús: «Aprended de mí, que soy manso y humilde de corazón» (Mt.

---

3. *Von der Bestimmung des Menschen*, 1935, p. 150.

11:29). Sin menoscabo de su dignidad, que debe conservar en todo momento; sin concesiones a una excesiva familiaridad, el ministro ha de mostrarse siempre sencillo y asequible. En el momento en que, consciente o inconscientemente, se sitúa por encima de sus hermanos con aires de superioridad, está cerrando la puerta de acceso a sus corazones. Si da la impresión —falsa por lo general— de que vive en un plano espiritual muy elevado en el que sólo cosecha victorias y experiencias inefables en comunión con Dios, en vez de estimularlos, probablemente los desanimará. El creyente que se ve zarandeado por mil tentaciones, que duda o fluctúa, que tropieza una y otra vez, se sentirá muy lejos del «santo» varón de Dios y tendrá la impresión de que no va a poder ni entenderle ni ayudarle. Ya antes de iniciar el contacto personal, se siente juzgado, humillado y rechazado.

El ministro de Jesucristo ha de tener una idea muy clara de que la comunión de los santos es comunión de pecadores, entre los cuales se encuentra él mismo. Cuanto más evidente se haga esta realidad, más fácil resultará la comunicación entre él y sus hermanos y más fructífera será su labor de cura de almas.

Tacto

Cada persona debe ser tratada conforme a su situación concreta. El médico no puede prescribir el mismo tratamiento para todos sus enfermos. Tampoco Cristo, el gran Médico espiritual, trató del mismo modo a todos los que entraron en relación personal con El. Su conversación con la samaritana fue muy diferente de la que sostuvo con Nicodemo. Con Zaqueo no obró como en el caso del ciego de nacimiento, ni habló a Leví como al joven rico. A cada uno dijo y dio lo que necesitaba, siempre sobre la base de un conocimiento admirable de cada persona y su situación. Y en todos los casos, con un derroche de delicadeza. Sus palabras podían causar gozo y tristeza, pero nunca —si se exceptúan sus diatribas contra escribas y fariseos— fueron hirientes;

nunca revelaron reacciones incontroladas o falta de conocimiento, sino el tino de una sabiduría y un amor sin límites.

Salvando las distancias entre su peerfección absoluta y nuestras limitaciones, hemos de tomarlo como ejemplo en nuestros contactos personales con los demás.

Discreción

Es de lógica elemental que el pastor haya de mantenerse fiel a la confianza que en él depositan sus hermanos. Aunque en el ministerio evangélico no existe la confesión auricular, no son pocas las personas que abren de par en par su corazón ante su guía espiritual, a quien hacen confidente de sus mayores intimidades. Le hacen auténticas confesiones, cuyo secreto no se puede divulgar, a menos que el ministro quiera destruir su prestigio e influencia juntamente con el bienestar de la iglesia. Si en la Escritura se condena la chismografía de algunas mujeres (I Tim. 5:12, 13), ¿cuánto más no habrá de reprobarse la indiscreción de un líder cristiano?

Imparcialidad

Con tono extraordinariamente enfático, aconsejó Pablo a Timoteo que se abstuviera de la parcialidad (I Tim. 5:21). Desoír este mandamiento es dar cita a los peores problemas que puedan plantearse en una iglesia.

Una congregación cristiana suele ser un conjunto sumamente heterogéneo de personas. Las hay ricas, pobres, cultas, analfabetas, delicadas, vulgares, afables, descorteses, positivas, negativas, estimuladoras, deprimentes. Es muy fácil que el pastor se sienta más a gusto relacionándose con los miembros con quienes más se identifica. Pero debe sacrificar sus predilecciones personales y velar para que nadie pueda acusarle justamente de favoritismo, tanto en sus contactos como en la distribución de lugares de servicio dentro de la iglesia o en la resolución de los litigios que puedan surgir entre los miembros.

Dimensiones de la obra pastoral

Aunque se hallan implícitas en lo que ya llevamos expuesto, conviene destacarlas, con algunas observaciones prácticas, como conclusión de este capítulo.

Su amplitud

Debe extenderse a toda la iglesia. Ningún miembro ha de quedar excluido (Hec. 20:26; Rom. 1:7, 8; Fil. 1:4, 7; Col. 1:28; I Tes. 1:2).

Este principio resulta, sin embargo, difícil de aplicar cuando la iglesia tiene un elevado número de miembros. A partir de los cien, ya es prácticamente imposible que una sola persona pueda atender pastoralmente a toda la congregación. La solución bíblica es la pluralidad de ancianos. Y aun esta solución puede completarse con la colaboración de hermanos fieles debidamente preparados para realizar este tipo de trabajo (4).

De este modo puede llegarse a la meta ideal de que no haya ni un solo miembro de la iglesia que no reciba la atención espiritual que necesita. Los casos más delicados pueden ser tratados por los dirigentes más aptos. El consejo de Jetro a Moisés para atender adecuadamente al pueblo de Israel (Ex. 18:13-26) es una buena pauta.

Su duración

La acción pastoral no puede limitarse temporalmente. Muchas veces no basta una conversación para solucionar un

---

4. «En la Iglesia primitiva, todos practicaban la cura de almas. Cada cristiano sentía preocupación por los demás. Compartía las dificultades del hermano y estaba a su lado en los momentos de necesidad. Procuraba, mediante el consuelo, la exhortación, la instrucción y el consejo, ordenar la vida espiritual en relación con Dios y con el prójimo. En esta labor se buscaba, sobre todo, actualizar la salvación y la curación.» (Walter Wanner, *Signale aus der Tiefe, Tiefenpsychologie und Glaube*, Brunnen Verlag, p. 14.)

problema; son necesarias varias. Cuando se ha resuelto una cuestión, al cabo de un tiempo surge otra. Mientras permanece el creyente en el mundo, está expuesto a dificultades de modo constante, por lo que la cura de almas es una ocupación permanente. Pablo, después de tres años en Efeso absorbido en una labor intensísima de pastoreo, no podía considerar que aquella obra estuviese acabada; por eso exhorta a los ancianos de la iglesia a que la continúen fielmente (Hec. 20:28, 31).

A veces sucede que los esfuerzos en el pastoreo parecen estériles o poco fructíferos. Hay quienes por su edad en la fe habrían de ser creyentes maduros y, sin embargo, no han salido de su infantilismo espiritual (Heb. 5:12). Pablo escribía a los Gálatas: «Vuelvo a sufrir dolores de parto hasta que Cristo sea formado en vosotros» (Gál. 4:19). Esto puede producir cierto desánimo en el siervo del Señor. La torpeza de sus hermanos puede entorpecer sus manos en el trabajo. Henry Martin confesó que a veces era «probado con un disgusto pecaminoso por su obra pastoral» y que frecuentemente se sentía «como una piedra hablando a piedras». Cuando esto acontezca, conviene mirar al Siervo de Dios por excelencia, el cual «no se cansa ni desmaya», aunque su ministerio se desarrolle entre cañas cascadas y pábilos humeantes (Is. 42:3,4).

Su profundidad

No basta conocer superficialmente las situaciones diversas en que nuestros hermanos gozan o sufren, triunfan o son derrotados. Conviene calar hondo en la naturaleza de sus experiencias, en las causas, en su contextura recóndita. Para ello es imprescindible un mínimo de conocimiento de la estructura anímica del ser humano y de las fuerzas que actúan en su comportamiento. De este punto nos ocuparemos en el capítulo siguiente. Pero anticipemos que cualquier «inmersión» en las profundidades espirituales de nuestros semejantes debe efectuarse con el equipo de la Palabra de Dios y la asistencia del Espíritu Santo.

Su altura

La finalidad del ministerio no es simplemente consolar, instruir o ayudar desde un ángulo meramente temporal. Es «presentar perfecto en Cristo Jesús a todo hombre» (Col. 1:28); es lograr que cada creyente viva su vida cristiana de tal modo que en el día de Cristo merezca la aprobación de su Señor. El campo pastoral debe estar iluminado por los esplendores del cielo, pues la tarea que en él se lleva a cabo coadyuva a la realización del propósito divino que tendrá su perfecta consumación en la glorificación de la Iglesia (Rom. 8:28-30; II Tes. 1:10-12).

CUESTIONARIO

1. *¿Por qué la obra pastoral es complemento indispensable de la predicación?*

2. *Cristo es el Pastor por excelencia. ¿Cómo se puso de manifiesto su cuidado pastoral durante su ministerio? Mencione hechos concretos que sirvan de pauta para sus «sub-pastores».*

3. *Señale la relación que puede haber entre las responsabilidades y las características del pastor.*

4. *Si la obra pastoral debe extenderse a todas las «ovejas» encomendadas a un ministro, ¿qué debe hacerse en el caso de que las limitaciones de tiempo impidan un contacto regular con toda la grey?*

Capítulo XVII

PSICOLOGIA Y PASTORAL

En el capítulo anterior hicimos notar la necesidad de que el pastor conozca a las personas entre las cuales debe ministrar. En palabras del profesor J. G. McKenzie, «es realmente imposible exagerar la tremenda desventaja bajo la cual trabaja el predicador, el educador o el reformador social cuando carece de un conocimiento de la naturaleza humana, sus tendencias dinámicas, sus sentimientos controladores, su conciencia y su razón» (1).

Pero nada hay más difícil de entender que el ser humano en su misteriosa complejidad. ¿Qué factores determinan su carácter? ¿Cómo está estructurada su personalidad? ¿Qué fuerzas configuran su conducta? ¿Dónde radican las causas de sus conflictos? ¿Qué se oculta detrás de sus reacciones? Las respuestas a estas preguntas y otras análogas son de capital importancia y no siempre las encontramos, al menos explícitamente, en la Biblia o en nuestras observaciones directas. De aquí que nos veamos precisados a poseer un mínimo de conocimientos psicológicos.

Lugar de la Psicología en la cura de almas

La Psicología, como disciplina científica, ha tenido un origen relativamente reciente y está aún lejos de haber lle-

---

1. *Souls in the Making,* p. 20.

gado a conclusiones indiscutibles. Hay discrepancias importantes entre sus diferentes escuelas. El comportamiento humano y sus problemas, objeto del estudio de esta ciencia, no han sido aún aclarados de modo plenamente satisfactorio. Consecuentemente, tampoco puede en muchos casos proporcionar soluciones eficaces para los desórdenes, graves o leves, de la personalidad. Además, en este campo suele mirarse con poca simpatía el valor objetivo de la fe religiosa. En algunos casos, la actitud es de franca hostilidad a cualquier tipo de religión. De aquí que muchos creyentes hayan mirado con suspicacia cualquier acercamiento a la Psicología.

Sin embargo, aunque en modo alguno podamos admitir ciertas opiniones de psicólogos y psiquiatras, fuerza es reconocer que la Psicología nos ayuda a entender la naturaleza humana. La oposición de algunos teólogos, entre ellos Karl Barth, a reconocer el derecho de la Psicología a examinar los fenómenos religiosos no parece justificada. Como ha señalado Antoine Vergote, esta posición pierde de vista que el cristiano no sólo es interpelado por la Palabra divina, sino que marcha delante de ella con toda su humanidad y su asentimiento humano, y ahí sí que puede intervenir la Psicología (2). En el fondo, sus conclusiones básicas no difieren de los postulados teológicos fundamentados en la revelación bíblica. Haremos, pues, bien en apropiarnos lo que, a la luz de la Palabra de Dios, consideremos verdadero y útil para nuestra tarea pastoral.

Debe haber por nuestra parte una asimilación de los elementos positivos de la Psicología sin la menor renuncia a nuestra propia identidad. Puestos a escoger entre la Psicología y la Palabra, optaríamos por ésta. Pero no hay necesidad de tal disyuntiva. La labor del psicólogo puede ser magníficamente complementada por la del pastor. W. Fearon Halliday, escribió: «Estamos viviendo en una época de pe-

---

2. *Psychologie religieuse*, p. 24.

culiar inquietud psíquica, y la mente religiosa no la considerará aparte de la ordenación providencial de Dios de que importantes descubrimientos psicológicos proporcionen la llave para calmar esta inquietud» (3). Nosotros diríamos que la llave la encontramos en la Escritura, pero los descubrimientos psicológicos nos ayudan a usarla con mayor tino. El testimonio de O. L. Joseph sobre los pastores merece ser tenido en cuenta: «A diferencia del psicólogo profesional, estos hombres, que a su espíritu religioso y a su instinto pastoral unieron una mente científica, han diagnosticado motivos, analizado emociones, interpretado deseos que dan percepciones más claras de la vida, libres de las predisposiciones favorables de las teorías y en mayor conformidad con las realidades de la vida» (4). Esto es especialmente cierto en numerosos desórdenes psíquicos causados por problemas morales o espirituales, lo que no excluye la necesidad de que el pastor remita a un psiquiatra competente los casos evidentemente patológicos que exigen algo diferente de la orientación pastoral.

Pablo dijo a los corintios: «Todo es vuestro» (I Cor. 3:21). ¿Por qué no incluir nosotros hoy en ese «todo» los progresos de la Psicología?

La personalidad humana

El hombre, al igual que todos los seres vivos, es una entelequia, es decir, tiende a desarrollarse bajo determinadas leyes hacia una forma final *(en telos éjousin)*. Existen, sin embargo, algunas diferencias entre el ser humano y los demás seres orgánicos. Una de esas diferencias es la complejidad de su desarrollo, cuya normalidad se ve a menudo impedida por múltiples causas. Otra es el hecho de la personalidad, la conciencia que el hombre tiene de su identidad

---

3. *Psychology and religious experience*, Hodder and Stoughton, p. 35.
4. *The dynamic ministry*, The Abingdon Press, p. 117.

y continuidad, «la función psicológica por la que un individuo se considera como un Yo uno y permanente» (Lalande).

La personalidad implica dos ideas indispensables: integración y unicidad. Al estudiarla, no nos limitaremos a un segmento determinado de la conducta, sino al funcionamiento de la totalidad de la persona. Por otro lado, observamos que el individuo presenta unos atributos que lo hacen único y lo distinguen de sus semejantes. «Al referirnos a la personalidad se hace esencial saber cómo la persona, al expresar sus necesidades y sus relaciones sociales, funciona como una unidad recognoscible con rasgos distintivos, impulsos, actitudes y hábitos que le permiten o impiden alcanzar una adaptación adecuada a su entorno y a sí misma» (5).

Factores dominantes de la personalidad

Hemos de agruparlos en dos: herencia y medio ambiente. La influencia de ambos es innegable, por lo que no debe excluirse ninguno de los dos. Como señaló William James, las potencialidades innatas de la conducta humana se combinan con oportunidades para su realización adquiridas mediante la experiencia.

Los factores fisiológicos son importantes, pues constituyen una base indiscutible de fenómenos psicológicos. Es hecho bien conocido que el funcionalismo humoral o de las glándulas endocrinas, por su acción sobre el sistema nervioso, influye en el psiquismo. De aquí que, desde tiempos antiguos, se haya establecido una clasificación de temperamentos según la constitución física del individuo (6).

---

5. S. Rosenzweig, *Encycl. Britannica*, art. **Personality**.
6. Galeno elaboró la teoría de los cuatro temperamentos, determinados por la predominancia de uno de los cuatro humores: temperamento sanguíneo (predominancia de sangre), temperamento colérico (predominancia de bilis amarilla), temperamento melancólico (predominancia de bilis negra) y temperamento linfático (predominancia

El pastor deberá tener en cuenta los elementos innatos de la personalidad de cada individuo, no sólo para comprender mejor su comportamiento, sino para aceptar los límites que la constitución temperamental impone normalmente a una persona en sus reacciones.

Pero la herencia no es decisiva. La influencia del medio ambiente sobre el carácter y la conducta humanos no es menor. Las investigaciones de la antropología social han venido a demostrar que culturas diferentes producen diferentes efectos en las personalidades que se desarrollan dentro de ellas.

De singular importancia son las experiencias de la infancia, determinantes de muchas reacciones de la persona adulta. Las vivencias de los primeros años del niño marcan, por lo general, su futuro desarrollo psíquico y sus actitudes sociales. Si ha vivido en una atmósfera familiar en la que se ha sentido amado, comprendido y deseado, tenderá a sentirse seguro y amable fuera del hogar; si, por el contrario, se ha visto rechazado, se desarrollarán en él sentimientos de inseguridad que le llevarán o al aislamiento o a la hostilidad. La autoridad paterna, ejercida con cordura y amor, hará de él una persona sumisa; la misma autoridad, ejercida con dureza despótica, lo convertirá fácilmente en un rebelde. Si ha sido objeto de una excesiva protección, puede quedar reducido en su capacidad de iniciativa, tendrá propensión a darse toda clase de gustos y a imponer sus criterios a otros de modo dominante. La presencia de hermanos, puede fomentar su sociabilidad, pero puede también engendrar los celos infantiles que más tarde reaparecen en forma de rivalidad y competencia en la relación con la sociedad.

---

de linfa). Las huellas de esta teoría pueden verse aún en las tipologías morfofisiopsicológicas de Kretschmer (tipos pícnico-ciclotímico, leptosómico-esquizotímico, atlético-enequético y diplásico), K. Conrad, Sheldon, Pende, etc.

Las vivencias infantiles pueden tener derivaciones importantes incluso en experiencias religiosas posteriores. En cierta ocasión una mujer creyente me confesó con gran turbación que a menudo sentía un fuerte impulso de maldecir a Dios con las palabras más crudas. Al preguntarle acerca de su niñez, me expuso los dramas vividos en el hogar a causa del alcoholismo de su padre. Traté de ayudarla a comprender que su problema en relación con Dios podía ser una proyección del resentimiento contra su padre terrenal. Al parecer, el problema quedó resuelto.

La problemática de la personalidad se agrava debido a que los efectos de la experiencia, al igual que otras fuerzas psíquicas, se alojan mayormente en el inconsciente del individuo, sin que éste advierta su poderosa acción sobre la conducta. Este hecho nos obliga a considerar otro punto:

La estructura de la personalidad

Al tratar esta cuestión hemos de referirnos, aunque sólo sea de modo esquemático, a algunas de las figuras más prominentes dentro de la Psicología. Ninguna de sus teorías parece completamente aceptable en su totalidad; pero al compararlas, puede observarse que se complementan.

Sigmund Freud

Suponía Freud al principio que la mente está dividida en dos partes: consciente e inconsciente. La primera contiene las ideas y sentimientos que se pueden expresar libremente. La segunda, los pensamientos y sentimientos hechos inconscientes por mecanismos de represión. Posteriormente, el gran psicoanalista elaboró una teoría más compleja, según la cual la estructura de la personalidad consta de tres partes: el *ello*, el *yo* y el *superyó*.

El *ello* es el depósito de los impulsos derivados de la constitución genética y tendentes a la preservación y la propagación de la vida. En esta región se alojan el impulso sexual (tan preponderante en la Psicología de Freud) y el de agresividad, imprescindibles para satisfacer las necesidades biológicas y la perpetuación. El ello actúa bajo el *principio del placer*. No está regido por consideraciones lógicas o morales. Simplemente busca satisfacer necesidades instintivas. «No puede tolerar la tensión y exige una gratificación inmediata. Es exigente, impulsivo, irracional, asocial, egoísta y amante del placer» (7).

El *Yo*, en contraste con el ello, actúa en los niveles del consciente y el preconsciente y regula los impulsos primarios del ello. El ser humano no puede satisfacer sus necesidades biológicas sin tener en cuenta la realidad del mundo exterior. Pronto aprende que no puede apoderarse de todo cuanto desea sin desencadenar a veces sobre sí experiencias más penosas que el refrenamiento de sus impulsos. Por eso se dice que el yo está gobernado por el *principio de la realidad*, ya que domina al ello a fin de que el hombre se acomode al mundo en que vive. La base de su acción es el raciocinio.

El *superyó* constituye, por así decirlo, el elemento moral y judicial de la personalidad. Trata de ajustar la actuación del ello a las normas morales y costumbres de la sociedad, especialmente a las establecidas por los padres mediante un sistema de premios y castigos. El superyó, según Hall y Lindzey, «representa lo ideal más que lo real, y tiende hacia la perfección más que hacia el placer».

Del equilibrio entre las tres partes de la personalidad (ello, yo y superyó) depende el bienestar del individuo.

Carl Gustav Jung

Fue este psicólogo suizo colaborador de Freud durante algún tiempo; pero después se separó de él para fundar una

---

7. Calvin S. Hall, *Compendio de psicología freudiana*, Edit. Paidos, 1971, p. 31. Esta obra es una de las más recomendables para llegar a comprender a Freud.

nueva escuela. En su teoría de la personalidad destaca la división del inconsciente en personal y colectivo.

El *inconsciente personal* contiene recuerdos así como impulsos y deseos propios de cada individuo.

El *inconsciente colectivo* es una disposición heredada de los antepasados y constituye un depósito de «arquetipos» o «grandes imágenes primordiales, representaciones humanas virtuales de las cosas tal como siempre han sido, transmitidas de una generación a otra por la estructura del cerebro» (8). Estos arquetipos de carácter universal, han inspirado los mitos, leyendas, fábulas y proverbios que han existido en la literatura de todos los pueblos. «De este gran depósito surgen las fantasías que se convierten en el gran arte de la humanidad, las ideas creadoras que son embriones de filosofías, y las intuiciones que se desarrollan en religiones. Son impulsos interiores que dan contenido a nuestra vida» (9). Entre los arquetipos, según Jung, se encuentra la idea de Dios.

Como puede verse, este depósito incluye mucho más que los impulsos arcaicos alojados en el ello de Freud.

También es característica de Jung la división de los seres humanos en *extravertidos e introvertidos*. El extravertido se distingue por su correspondencia a los estímulos externos y su carácter impulsivo, mientras que el introvertido concentra su interés y atención en su propio interior y es reflexivo. Sin embargo, Jung admite también la existencia de *ambivertidos*.

Cualquiera que sea el tipo a que un individuo pertenezca, lo ideal es que posea la cuádruple función de la personalidad: sensación, pensamiento, sentimiento e intuición.

Alfred Adler

Eminente psiquiatra austríaco, trabajó, al igual que Jung, asociado con Freud hasta que diferencias irreconciliables

---

8. J. Delay y P. Pichot, *Manual de psicología*, p. 327.
9. May, *The art of counselling*, p. 183.

los separaron. En su sistema, el motivo dominante en el comportamiento humano es la *pugna por la perfección*, que a menudo adquiere la forma de lucha por la *superioridad* en compensación de un sentimiento de inferioridad. El afán de poder se convierte en una fuerza dinámica de primer orden. Para Adler, sin embargo, el concepto de poder equivale en muchos casos al de prestigio. Pero el mecanismo es en todos los casos el mismo. El sentimiento de inferioridad origina un sentimiento de inseguridad. La ansiedad que ambos producen sólo puede eliminarse mediante una afirmación influyente de la propia personalidad. Para lograrlo, el hombre recurre a los medios que más fácilmente están a su alcance. El niño rehúye la compañía de compañeros más fuertes que él y busca la de otros más débiles a los cuales puede dominar. En los adultos, los esfuerzos realizados para sobresalir profesionalmente, establecer un negocio próspero, ocupar posiciones de honor, amasar grandes fortunas, o la exhibición de títulos, joyas, posesiones, suelen tener la misma motivación: el sentimiento de inferioridad, padre de las ansias de poder o grandeza. Aun en el orden espiritual puede observarse el mismo fenómeno.

A este elemento básico debe unirse en la teoría adleriana la influencia ejercida sobre los procesos psicológicos por la opinión que el hombre tiene de sí mismo y del mundo y lo decisivo de su vinculación social a sus semejantes.

Otto Rank

Su teoría de la motivación se centra en su concepto de *voluntad*. A cualquier tipo de compulsión, ora externa (como pueden ser las órdenes de los padres) ora interna (acción de los instintos), la voluntad opone una resistencia. Esa resistencia no debe ser suprimida, sino encauzada hacia niveles más altos de desarrollo.

La expresión suprema de la voluntad —*voluntad de inmortalidad* la denomina Rank— es la esencia de nuestra individualidad. Como fuerza unificadora, equilibradora entre impulsos e inhibiciones, es el factor psicológico decisivo en la conducta humana (10).

Rank, que podría aparecer demasiado optimista en cuanto a las posibilidades de la voluntad, abre una valiosa perspectiva, hondamente religiosa, cuando señala la «vida en Cristo» como fuente de una «identidad real» y el amor como la afirmación positiva de la voluntad en sumisión a algo mayor que la persona misma (11).

Otros psicólogos han ampliado el campo de las motivaciones en sus descripciones de la personalidad. Mencionaremos sólo dos más.

Erich Fromm, en su análisis de las necesidades humanas, da primacía a la que el hombre siente de relacionarse con sus semejantes para salir de su soledad, de su impotencia y de su ignorancia. Esta relación está presidida idealmente por el amor.

Viktor Frankl enfatiza la aspiración a descubrir el significado de la vida y la sitúa en primer lugar entre las fuerzas motivadoras, dándole identidad propia al negar que sea una «racionalización secundaria» de impulsos primarios.

Los límites de esta obra nos impiden extendernos en un análisis crítico de cada una de las teorías expuestas. Pero en breve síntesis podemos señalar que la conducta humana está determinada por una complicada combinación de fuerzas interiores (necesidades e impulsos) y fuerzas exteriores (influencia de otras personas —particularmente de los padres—, costumbres, cultura, religión, etc.). Si las necesidades e impulsos son satisfechos adecuadamente, la personalidad se desarrolla de modo equilibrado y armonioso. Si no se satisfacen o se satisfacen mal, se produce la frustración, la cual, a su vez, da origen a la anormalidad psicológica. Esta anormalidad se manifiesta unas veces en forma de agresividad antisocial; otras, en forma de evasión. Agresión

---
10. *Beyond Psychology*, p. 50.
11. Recop. de Harold W. Darlin, *Man in his right mind*, p. 77.

o huida, *fight or flight*, como lo expresan en inglés los psicólogos. De estos desajustes provienen las neurosis y otros desórdenes psíquicos.

Debe recordarse, no obstante, que ninguna teoría, ni la síntesis de todas las teorías, agota la complejidad de la personalidad y la conducta humanas. Menos la agotaría una aplicación simplista del principio estímulo-respuesta del *behaviorismo* clásico, pues no se ajustaría a la realidad de la experiencia en el caso del hombre. El postulado de Watson de que «la meta del estudio psicológico es la averiguación de datos y leyes tales que, dado el estímulo, la psicología pueda predecir cuál será la respuesta; o... dada la respuesta, pueda especificar el... estímulo» (12) puede conducir a un determinismo inaceptable. El hombre no es una rata de laboratorio. Sobre él actúan simultáneamente innumerables estímulos, muchos de ellos imperceptibles para el yo consciente. El hombre, en lo que concierne a su comportamiento, sigue siendo «ese gran misterio».

Psicología y teología

Como apuntamos líneas arriba, la relación entre Psicología y Teología no ha de ser necesariamente de antagonismo, como algunos han supuesto. Los conflictos surgidos entre ambas se deben generalmente a prejuicios. Hay posturas que no son rigurosamente científicas y que deben ser abandonadas. La Teología ha de estar dispuesta a corregir cuanto pueda haber en sus dogmas que contradiga, sin suficiente base bíblica, los hechos evidentes revelados por la Psicología. Esta, a su vez, ha de reconocer «las limitaciones inherentes a cualquier punto de vista científico especializado y, por consiguiente, conceder la posibilidad de que otros puntos de vista y otras explicaciones de los mismos fenómenos sean posibles y legítimos» (13).

---

12. *Encycl. Britannica*, art. *Behaviourism*.
13. W. M. Horton, *A psychological approach to Theology*, p. 23.

Algunos de los más afamados psicólogos han reconocido la importancia del factor religioso en la salud de la personalidad. Jung declaró: «Durante los treinta últimos años me han consultado personas de todos los países civilizados de la tierra... Entre todos mis pacientes mayores de treinta y cinco años no ha habido ninguno cuyo problema en último término no fuera el de hallar un sentido religioso a la vida. Puedo decir que todos ellos enfermaron porque habían perdido lo que las religiones vivas de todas las épocas han dado a sus seguidores y ninguno de los que no recuperaron su perspectiva religiosa llegó a sanar realmente» (14).

Sin presunción vana, podemos afirmar que la fe cristiana supera a cualquier religión en su concepción del hombre. La revelación bíblica contiene la descripción más profunda que jamás se ha hecho de la naturaleza humana y de sus problemas psicológicos. Coincide con mucho de lo expuesto por las diferentes escuelas de Psicología; pero ahonda más en las raíces de los conflictos de la personalidad y contribuye de modo más eficaz a su solución.

Reconoce la fuerza tremenda de los impulsos interiores y de las influencias externas que actúan sobre el individuo, todo ello en la contextura dramática del pecado en su naturaleza intrínseca y en sus manifestaciones. Los conflictos entre el ello y el superyó freudianos hallan su expresión bíblica en la lucha entre la carne y el espíritu. El desajuste psíquico del hombre se origina en el momento en que el hombre se rebeló contra Dios e hizo de sí mismo el centro y la meta de su existencia. Este egocentrismo preside las motivaciones de la conducta, entre las que prevalecen la sed de placer y las ansias de prestigio, de superioridad y poder, con todas sus secuelas de frustración y agresividad (compárese Sant. 4:1-3).

Asimismo, la Teología bíblica muestra el camino a seguir para alcanzar el equilibrio psíquico con la plena madurez de la personalidad. Cuando el hombre responde a los

---

14. Cit. por W. Goulooze, *Pastoral Psychology*, p. 136.

estímulos sobrenaturales del Espíritu y la Palabra de Dios, cuando se une espiritualmente a Cristo mediante la fe, se producen unos efectos de terapéutica psicológica incomparables.

Las promesas de Cristo disipan la ansiedad. El creyente confía en que las necesidades de primer orden, tales como la comida, la bebida, el abrigo, etc., serán suplidas por Dios en la ordenación paternal de su providencia (Mt. 6:25-34).

Los impulsos sexuales, con su fuerza enorme, son encauzados a través del matrimonio o por vía de la sublimación en el sentido cristiano (Mt. 19:9-12; I Cor. 7).

El gran deseo de ser amado y aceptado tiene su cumplimiento más perfecto en la experiencia de la gracia de Dios, quien nos perdona y nos adopta como hijos suyos (Ef. 1:5-7).

El anhelo de descubrir el significado de la vida se ve colmado al conocer el propósito del Dios que nos llama a recobrar acrecentada nuestra dignidad original (Rom. 8:29) y a ocuparnos en un servicio fructífero (Jn. 15:1-16). En este servicio hay amplio lugar para desarrollar la capacidad creadora —otra necesidad psicológica— que Dios mismo ha concedido a cada uno juntamente con unos dones determinados.

El afán de plena realización humana se ve igualmente cumplido, pues el creyente en Jesucristo va siendo transformado moralmente a la imagen de su Señor (II Cor. 3:18). Sólo así puede lograrse una plena «integración» de la totalidad de la persona, meta de todo tratamiento psicológico. Esta integración, que tiene a Cristo como centro, genera actitudes positivas y saludables en relación con los demás seres humanos y ante la vida con sus variadas experiencias.

Como resultado, también las necesidades sociales son suplidas satisfactoriamente. El creyente en Cristo es llamado a salir, en frase de Paul Tournier, «de la soledad a la comunidad». El principio del amor, al que tanta importancia da Erich Fromm, adquiere una fuerza dinámica (II Cor.

5:14) que vigoriza la personalidad del creyente, a la par que enriquece espiritualmente a la sociedad.

Por último, la sed o «voluntad de inmortalidad» a que se refiere Rank, es calmada por la seguridad de vida eterna que Cristo da a los suyos (Jn. 5:24; 11:25).

Incluso las tensiones o posibles sentimientos de frustración producidos por la imperfección de la experiencia cristiana son mitigados por la esperanza. Sabe el cristiano que no ha alcanzado aún la meta, pero ya está en el camino que conduce a ella. Vive la tensión existente entre el «ya» y el «todavía no», alentado por la perspectiva radiante que le presenta la Palabra de Dios (Rom. 8:17-25; Fil. 3:20, 21; Ap. 21:3-5).

¿Qué escuela de Psicología puede ofrecer más que el Evangelio para satisfacer las hondas necesidades humanas y conseguir la plenitud de desarrollo de la personalidad?

CUESTIONARIO

1. *¿Qué existe en común entre la Psicología y la Teología?*

2. *¿Cuáles son los factores básicos determinantes de la personalidad?*

3. *Expóngase resumidamente la teoría de Freud sobre la estructura de la personalidad.*

4. *¿Tiene algún paralelo esta teoría con la teología bíblica?*

5. *¿Qué nos enseña la Biblia sobre la integración de la personalidad humana?*

Capítulo XVIII

EL PASTOR COMO CONSEJERO

En su obra de visitación (1) y en otras formas de encuentro personal, el pastor tendrá incontables oportunidades de guiar y ayudar a sus hermanos, aunque éstos no se encuentren en circunstancias especialmente difíciles. Pero habrá casos en que, a causa de serios conflictos, su labor será más necesaria y, por consiguiente, exigirán su atención preferente. La intervención pastoral en tales casos constituye la «cura de almas».

Algunos de los problemas planteados en esta esfera del ministerio son específicamente espirituales; otros, de índole temporal, pero con repercusiones hondas de tipo religioso. La enfermedad, la pobreza, los conflictos familiares, las dificul-

---

1. En los tratados sobre pastoral se ha dado siempre gran importancia a esta obra. Si nosotros no nos ocupamos más extensamente de ella no es debido a subestimación de la misma, sino al hecho de que, por su generalización, es algo que practican con acierto la mayoría de ministros. Sin embargo, nos permitimos subrayar sucintamente algunas de las normas básicas de la visitación:

a) Practíquese de modo sistemático, dedicando a ella el tiempo posible durante la semana.

b) Evítese la discriminación. En todo caso, cualquier diferencia en la frecuencia de las visitas a la misma persona o familia debe estar determinada por la necesidad espiritual, no por predilección personal.

tades laborales, las frustraciones, los defectos temperamentales, los desajustes psíquicos, etc., suelen tener efectos perturbadores en las relaciones del individuo con Dios, con sus semejantes y consigo mismo. En cualquier caso, el pastor debiera estar en condiciones de entender y ayudar.

Con esto no queremos decir que el ministro del Evangelio haya de considerarse dotado para remediar todas las situaciones difíciles. Ha de ser consciente de sus limitaciones. Tiene que saber discernir entre los casos propios de su ministerio y aquellos en que se necesita un tratamiento especial. Sobre todo, debe evitar el grave error de practicar a nivel de aficionado el psicoanálisis o cualquier otra forma de terapéutica reservada al psiquiatra. Y cuando llegue a la conclusión de que el tratamiento psiquiátrico es necesario, deberá orientar al paciente en la elección de especialista. Algunos psiquiatras, por sus fuertes prejuicios antirreligiosos, pueden hacer más daño que bien a una persona creyente o con inquietudes religiosas.

Finalidad de la cura de almas

Debe perfilarse claramente en la mente del pastor. La actuación de éste cuando trata de ayudar a alguien a resolver

---

c) Escójanse para la visitación las horas más adecuadas.

d) En algunos casos, es casi imperativo que el pastor vaya acompañado de otra persona, preferentemente de su esposa.

e) Procúrese que cada visita no sea más larga de lo estrictamente necesario.

f) La visita, por supuesto, debe tener un carácter religioso. Normalmente —aunque no siempre— puede concluirse con una oración. Que ésta sea precedida o no de una lectura bíblica y un breve comentario es algo que el visitante debe decidir según los casos.

g) Es útil llevar un registro de las visitas efectuadas con anotación de cuantas observaciones pudieran ser de interés para posteriores contactos.

En iglesias grandes con un solo pastor, es indispensable que otros hermanos (ancianos, diáconos u otras personas debidamente preparadas) colaboren en la visitación.

un problema no puede ser una reproducción a nivel individual de su predicación desde el púlpito. El predicador y el maestro deben, en cierto modo, eclipsarse cediendo el lugar al hombre dispuesto a escuchar, comprender y ayudar. No significa esto, como algunos han objetado, que ha de producirse una dicotomía contradictoria entre el predicador y el pastor. Quiere decir que éste, en su contacto personal con quien arrostra un poblema, no puede limitarse a dogmatizar, moralizar o exhortar piadosamente, sino que debe dirigir su intervención a lograr un diálogo franco y profundo mediante el cual la persona con quien se habla pueda ver por sí misma el camino de la solución. El propósito de la cura de almas «no es aconsejar o dar soluciones prefabricadas a los diversos problemas personales... es crear una relación personal de tal calidad que la persona beneficiaria se sienta progresivamente en condiciones de descargar sus emociones enclaustradas y abrir sus defensas psíquicas enterradas profundamente. Sólo de este modo la mayoría de las personas obtendrán la percepción necesaria y las condiciones suficientes para conocer y liberar su capacidad creadora. Entonces se hallan en una posición que les permite mirarse a sí mismas y a sus problemas más objetivamente y, en diálogo subsiguiente con el consejero, determinar sus futuras actitudes y acciones» (W. L. Carrington).

Principios y reglas para el diálogo pastoral

No pueden establecerse normas concretas para los contactos personales en la cura de almas. La inmensa variedad de casos imposibilita toda normativa. «No hay reglas fijas y estereotipadas para la obra pastoral. Un hombre tiene que confiar bastante en sus intuiciones y experiencias... Ninguna fórmula psicológica ni palabra mágica puede serle dada (al pastor), puesto que no puede tratar a los seres humanos como si fuesen autómatas que se mueven por rutina» (2). Sin em-

---

2. Thomas H. Hughes, *La psicología de la predicación y de la obra pastoral*, La Aurora, p. 161.

bargo, existen principios y reglas elementales, dictados por la experiencia, que deben ser tenidos presentes si no se quiere cosechar fracasos deplorables.

La entrevista debe efectuarse en un ambiente de intimidad

Generalmente a solas, en un lugar donde la conversación no pueda ser oída por terceras personas. Quien se decide a descubrir su intimidad siempre ha de vencer una gran resistencia y sólo llegará a esa decisión si está seguro de que únicamente su consejero espiritual le ve en el momento en que se desnuda interiormente.

También es importante que no se produzcan interrupciones por llamadas telefónicas u otras causas. Hay momentos críticos en algunas conversaciones en los que cualquier suspensión puede tener efectos difíciles de reparar.

Debe mostrarse la máxima simpatía desde el principio

En muchos casos la persona entrevistada se siente inicialmente cohibida. Conviene allanarle el camino con afabilidad y delicadeza, pero al mismo tiempo con naturalidad; las actitudes que revelan afectación predisponen desfavorablemente a quienes las detectan. Sobre todo, es importante que, desde el primer momento, la persona que acude al pastor sienta que éste la ama, se interesa sinceramente por su bienestar y va a esforzarse por comprenderla.

El pastor ha de saber escuchar

Algunos consejeros bien intencionados, pero con poca experiencia, tan pronto como captan algo de la cuestión objeto de la entrevista, inician un largo monólogo en el que vierten toda clase de reflexiones y consejos. Esta práctica es un error colosal.

Los psicólogos se muestran unánimes en cuanto a la importancia de la escucha. Hay momentos en la vida de muchas personas cuando la mayor necesidad es encontrar a alguien con oídos y corazón abiertos en quien poder desahogar los sentimientos torturadores. Taylor Caldwell, en su obra «The Man Who Listens» (El hombre que escucha) ilustra admirablemente este hecho. Prologa su libro con una amplia cita de Séneca, de la que entresacamos las siguientes líneas:

«¿A quién puede un hombre decir: "¡Aquí estoy!
Heme aquí en mi desnudez, con mis heridas, mi dolor oculto,
mi desesperación, mi perfidia, mi padecimiento,
mi lengua incapaz de expresar mi angustia,
mi terror, mi desamparo"?
¡Escúchame un día... una hora... un momento,
no sea que expire en mi terrible desierto,
en mi silencio solitario!
¡Oh, Dios! ¿No hay nadie que escuche?

La misma expresión patética sigue brotando de millones de seres humanos. No podría un pastor hallar mayor reto.

El valor terapéutico de la escucha auténtica está ampliamente probado. La doctora Frieda Fromm-Reichmann, psicoanalista vienesa que se vio obligada a huir del régimen nazi a América, da al arte de saber escuchar lugar prioritario entre los requisitos indispensables para una psicoterapia intensiva. Su propia experiencia corroboraba su principio. De ella se cuenta una anécdota —tal vez un tanto hiperbólica— altamente ilustrativa. Casi inmediatamente después de su llegada a los Estados Unidos como refugiada, tuvo que acceder a otorgar una entrevista a un rico americano que, conocedor de la reputación internacional de la distinguida psiquiatra, solicitó insistentemente sus servicios. Cuando algunos años más tarde la doctora Fromm-Reichmann patrocinaba un fondo benéfico, recibió de ese hombre un generoso donativo, agradecido por lo mucho que había recibido durante aquel encuentro. Lo sorprendente es que en tal ocasión ella apenas sabía una palabra de inglés. Desconocía la lengua, pero evidentemente dominaba el arte de escuchar.

En la capacidad de escuchar se incluye la necesidad de no mostrar sorpresa por nada de lo que se oye. Cualquier gesto de asombro al oír la confesión de dudas serias o de graves pecados produce automáticamente un retraimiento por parte de quien confiesa. Se siente juzgado y condenado antes de haber acabado de exponer su caso, lo que prácticamente significa el final de la entrevista. El consejero, por el contrario, debe animar con su comprensión —sin forzar indiscretamente— a que la confesión sea lo más completa posible. Toda confesión tiene efectos liberadores; descarga la tensión emocional de quien la hace y facilita el diálogo constructivo.

Los problemas deben considerarse en toda su contextura

Nunca puede analizarse un hecho aisladamente; es necesario buscar su correlación con otros hechos. Los problemas hay que examinarlos en toda su amplitud y profundidad, penetrando a ser posible hasta la raíz de las causas. Aun cuando se trate de problemas espirituales, no puede perderse de vista la problemática humana, amplia y revesada, que suele acompañarlos.

Conviene recordar lo expuesto en el capítulo anterior sobre la estructura de la personalidad y especialmente el papel importantísimo que el inconsciente desempeña en la determinación de la conducta. Muchos trastornos psíquicos, con sus correspondientes repercusiones espirituales, se deben a traumas cuyo recuerdo ha desaparecido de la memoria consciente para hundirse en la zona inconsciente, desde la cual no han cesado de originar conflictos.

No sería del todo bíblico identificarnos plenamente con el aforismo *tout comprendre c'est tout pardonner*, pero una comprensión profunda de la naturaleza humana, de las motivaciones que subyacen bajo la conducta y de las circunstancias que rodean a una persona, nos capacitan para simpatizar, requisito indispensable para una cura de almas eficaz. Lógicamente, el consejero cristiano no puede aprobar lo erróneo o pecaminoso. Por el contrario, debe señalarlo en el momento oportuno, pero de tal modo que la otra persona vea en él claramente el propósito de auxiliarla, no el de condenarla.

Evítense fórmulas simples para resolver problemas

La razón de esta norma es que ningún problema es sencillo cuando mueve a la persona que se enfrenta con él a buscar orientación y ayuda. Y si los problemas son complejos las soluciones no pueden ser simples.

Algunos asesores cristianos se dirigen al hermano que se halla en dificultades serias con expresiones parecidas a éstas: «Eso te acontece a causa de tu poca fe», «No obtienes la victoria, porque no quieres realmente», «Confía en el Señor y todo se resolverá», «La oración cambia las cosas». Independientemente de lo que pueda haber de cierto en semejantes afirmaciones, es evidente que las situaciones difíciles no se resuelven con frases estereotipadas que, además, no siempre son escogidas adecuadamente. Tampoco es correcto hacer de la oración un talismán que todo lo resuelva. La oración es importante, pero en muchos casos se necesita algo más: abrir nuevas perspectivas mediante una orientación sabia basada en la Palabra de Dios.

La orientación no es manipulación

Fácilmente, aunque sea de modo inconsciente, el pastor puede caer en la tentación de aprovechar la influencia de sus contactos personales con fines ilícitos. Hay deseos buenos en sí que resultan reprobables cuando se convierten en el fin primordial.

No es ningún mal, por ejemplo, que un pastor, al hablar con un inconverso envuelto en problemas, vea en él un potencial miembro de la iglesia; pero si el móvil predominante que le impulsa a relacionarse con él es el de aumentar el número de miembros de su congregación, está degradando el ministerio de la cura de almas. La misma degradación se produce si, al ayudar espiritualmente al hermano débil, lo que contempla en primer plano es el mayor rendimiento de tal persona en la iglesia. La atención pastoral no debe realizarse nunca con sentido funcional, especulativo, por más que se trate de especulación religiosa. El individuo no debe ser atendido con miras a incrementar el número o el prestigio de la colectividad eclesial. Debe ser un fin en sí mismo. Podemos afirmar con Bonhoeffer que «en la vida las personas son más importantes que cualquier otra cosa» (3). La relación pastoral con ellas ha de tener un solo fin: coadyuvar a la resolución de sus problemas y a la plena realización de su personalidad en todos los órdenes, lo cual, naturalmente, incluye en primer término la plenitud de su integración cristiana.

En la labor que se lleva a cabo con objeto de lograr tal fin, es deber moral del consejero respetar la personalidad y la libertad de cada persona y abstenerse rigurosamente de cualquier tipo de manipulación. Tal vez podríamos parafrasear unas palabras de Jesús y decir: «No os afanéis por vuestra iglesia, cómo habéis de dirigirla, cómo habéis de estimular a sus miembros para que sean activos, qué técnicas habéis de enseñarles para que testifiquen más productivamente. ¿No es la vida más que la organización, y el espíritu más que los sistemas? Buscad primeramente al hombre y su bienestar espiritual y todas las demás cosas os serán añadidas».

El proceso de la orientación pastoral

Cuando el problema de una persona no es grave una sola entrevista puede ser suficiente para descubrir el camino de la solución. En situaciones más complicadas, una conversación será insuficiente y deberá pensarse en una serie de sesiones. Pero tanto en un caso como en otro conviene tener en cuenta las fases de la labor de asesoramiento.

---

3. *Letters and papers from prison*, Fontana, p. 129.

Fase preparatoria

La persona que se acerca al pastor bajo el peso de una carga moral suele estar nerviosa en los primeros momentos de la entrevista. Fácilmente puede sentirse atenazada por sentimientos de ansiedad o de culpa. En según qué situaciones puede incluso tener el sentimiento de que una barrera de hostilidad le separa de su interlocutor. Estos primeros minutos pueden ser realmente embarazosos. De la habilidad del consejero depende en gran parte que pronto se produzca la distensión. Para ello es aconsejable que él mismo se encuentre relajado, en actitud afable y de simpatía y que inicie el contacto con algunas preguntas fáciles sobre la salud, la familia, el trabajo, etc., del visitante (o visitado, según los casos), siempre que esos temas, naturalmente, no sean la causa del conflicto.

A continuación, puede ser útil invitar a la persona a quien se atiende a que se sienta con toda libertad para hablar francamente y asegurarle que cuanto exponga será considerado estrictamente confidencial. Si se trata de alguien abrumado por una falta grave, debe el consejero hacer patente su comprensión subrayando el hecho de que todos somos humanos y estamos expuestos a las peores caídas, que la comunión de los santos es comunión de pecadores.

Una vez que se ha logrado una atmósfera de tranquilidad y confianza, puede pasarse a la segunda parte de la entrevista.

Fase informativa

En este período, el consejero ha de escuchar atentamente a la persona entrevistada, la cual le irá exponiendo su situación. No conviene interrumpirla. Sólo en el caso de que se extendiera excesivamente en detalles triviales podría conducírsela con mucho tacto a los puntos importantes de la cuestión.

Con suma discreción convendrá a veces guiar la conversación de modo que aparezcan los antecedentes del problema, así como las experiencias que pudieran tener alguna relación con el mismo y aportar algún dato para su solución.

La exposición que la persona en conflicto hace puede y debiera ser auténtica *catarsis*, es decir, una reacción de liberación provocada por la evocación de una emoción reprimida que perturba el equilibrio psíquico. Esta purga emocional puede dar lugar a una intensa agitación de los sentimientos, que en determinados casos produce explosión de llanto. El consejero debe permitir este desahogo; un intento de consolación mal dirigido puede ser contraproducente. Más bien ha de reconocer lo natural y saludable de tal reacción. Pero al mismo tiempo habrá de expresar un sentimiento sincero de aceptación y aliento.

A medida que el consejero va recibiendo la información hará de ésta objeto de intensa reflexión. Cuando cree que tiene suficientes datos y vea caminos de solución estará en condiciones de iniciar la tercera fase.

Fase orientativa

El problema debe ser presentado en su perspectiva cristiana. Se ayudará a la persona por él afectada a ver con claridad las causas, lo que frecuentemente significa más de la mitad de la solución.

Se procurará, asimismo, mostrar qué aspectos de un problema pueden resolverse y cuáles pueden, tal vez, continuar insolubles; en qué casos está indicada la acción de la fe y cuándo una resignación constructiva. Hay, por ejemplo, formas de conducta que pueden y deben ser modificadas. Pero hay rasgos congénitos de temperamento que no se pueden desarraigar. Intentarlo sería someter a una persona a exigencias superiores a sus posibilidades y ajenas al propósito de Dios. Insistir en ellas es exponer a tal persona a una peligrosa experiencia de frustración.

Algunos alegan que el poder del Espíritu Santo en el cristiano no tiene límites y que, por consiguiente, no debe haber defecto que no sucumba a la acción de la gracia. Olvidan estos creyentes que no siempre es voluntad de Dios acabar en sus hijos con todo tipo de debilidades; a veces permite que subsistan precisamente para que resalte su poder, no el nuestro (II Cor. 12:9). Hay anomalías psíquicas que pueden acompañar al cristiano más fiel toda su vida. Su solución total y definitiva sería un milagro tan grande como cualquiera de las curaciones físicas obradas por Jesús durante su ministerio. Y no siempre entra en los planes de Dios realizar tal milagro. Francis Schaeffer expresa esta verdad con gran precisión cuando escribe: «La Biblia presenta muy claramente la posibilidad de los milagros, y en nuestra experiencia hemos visto milagros, milagros en los que Dios irrumpió en la historia y en un momento dado sanó física y psíquicamente de modo total. Pero debemos señalar que la Biblia en primer lugar y la experiencia después nos enseñan que Dios obra así algunas veces, pero otras veces no. Y esto no siempre es cuestión de fe» (4).

Llegado el momento de encarar la solución, el consejero debe abstenerse de presentarla autoritariamente como una imposición ineludible. Es mejor que sea la propia persona la que, convencida de cuál es el camino a seguir, haga su propia decisión.

No menos importante es prevenirla contra la posibilidad de que tal camino no sea llano ni fácil. Puede producirse una liberación total de modo inmediato en algunos casos; pero lo más frecuente es que la consecución de resultados positivos exija nuevas luchas en las que posiblemente no siempre se obtendrá la victoria. Cualquier posible retroceso no tiene que ser causa de desaliento, sino más bien un acicate para proseguir el esfuerzo, dejando lo que queda atrás y extendiéndose a lo que está delante.

Fase estimulante

Es la parte final de la entrevista (o serie de entrevistas). Debe tener un carácter inspirador. Ha de contribuir a robus-

---

4. *True Spirituality*, Hodder and Stoughton, p. 162.

tecer la confianza en Dios y en sus promesas. Aquí el uso de textos apropiados de la Escritura —a cuya luz ya se habrá examinado el problema— es esencial.

Los últimos momentos, por regla general, deben ser dedicados a la oración. Puede orar el consejero por la persona entrevistada; pero es mejor si oran ambos. El resultado suele ser una sensación de descarga y alivio, de paz inefable en la persona antes atormentada.

Un efusivo apretón de manos en el momento de la despedida puede ser el sello de una gran experiencia en la que dos personas, en comunión —divina y humana—, han sido hondamente enriquecidas.

Escollos a sortear

La labor del pastor como consejero es una de las más fascinantes, pero tiene dificultades peculiares que el ministro ha de superar. Nos referimos a las más comunes.

Implicaciones emocionales

Es frecuente que en la relación entre consejero y «paciente» surja el problema de la *proyección*. Este fenómeno se da cuando se transfieren a otra persona —en este caso el pastor— los propios sentimientos. «En lugar de decir "lo odio", uno puede decir "me odia"; o en lugar de decir "mi conciencia me perturba", puede decir "él me molesta"» (5).

«En virtud de su función ministerial el pastor está situado en una posición de conflicto simbólico. En su artículo "El Ministro y la Congregación: un estudio de la ambivalencia", Rosenzweig señala que el ministro es una figura de autoridad paternal representativa de Dios. Como tal, es objeto de la ambivalencia universal hacia la autoridad del padre. Por un lado, veneración y respeto; por otro, resentimiento, rebelión y hostilidad» (6).

---

5. Calvin S. Hall, *op. cit.*, p. 100.
6. E. Mansell Pattison, *Baker's Dict. of Practical Theol.*, p. 200.

El pastor que conozca este mecanismo psicológico de defensa no se sentirá excesivamente inquieto ante las actitudes poco amigables de algunas de las personas a las que debe atender. Si lo ignora, fácilmente reaccionará con fuertes sentimientos negativos, lo que malogrará sus posibilidades de comunión y comunicación efectivas.

Por otro lado, el pastor mismo puede igualmente ser sujeto de proyección en una acción inconsciente de «contratransferencia» producida por sus temores o sus impulsos. No es raro encontrar ministros del Evangelio que por todas partes ven adversarios, grupos de oposición, maquinaciones para combatirlo, etc. Otros se sienten cohibidos en la cura de almas al descubrir en sí mismos agresividad, represiones conflictivas o tendencias afectivas de carácter dudoso. Sus propios problemas psíquicos pueden perjudicar su obra de consejeros. En tales casos, es recomendable buscar el asesoramiento de persona competente, a la par que se presenta a Dios la dificultad en busca de los recursos sobrehumanos de la gracia.

También debe el consejero prevenirse contra una *identificación incontrolada*. Tiene que «llorar con los que lloran» y acercarse a ellos con simpatía; ha de penetrar en su situación y compartirla de modo real. Pero no hasta el punto de que sus emociones debiliten su capacidad para ser un ayudador idóneo.

Excesiva dependencia

La atención y ayuda que el pastor dispensa a una persona puede llevar a ésta a una dependencia exagerada de aquél. Si esto sucede, tratará de consultarle aun en las cuestiones más nimias y no se atreverá a tomar sus propias decisiones sin contar con su beneplácito. Tal relación no es saludable y el pastor ha de corregirla, pues forma parte de su misión guiar a sus hermanos a una madurez que les permita sostenerse y avanzar por sí solos, sin el apoyo constante de un asesor.

Diálogo con personas de diferente sexo

El ministro cristiano no puede dejar de ser afable y compasivo; pero al mismo tiempo ha de mantenerse en guardia contra los riesgos inherentes a su propia sexualidad. Se precisa tino y comedimiento al tratar de ayudar a mujeres afligidas, frustradas o hipersensibles. En cualquier caso, el pastor debe mantenerse por encima de toda intrincación.

Ansiedad por los resultados

Es lógico que al consejero le preocupe el fruto de su trabajo. Pero no hasta el punto de juzgar el valor de su ministerio por lo visible y lo inmediato de los efectos. Según testimonio de especialistas en psicoanálisis, por lo menos el 33 % del número total de pacientes que reciben asistencia psiquiátrica no experimentan ninguna mejoría. Como hemos visto, muchos de los problemas espirituales están entrelazados con trastornos psíquicos. No debe extrañarnos que aquellos persistan sin que llegue a alcanzarse nunca una completa solución.

Cuando esto acontezca, el pastor hallará aliento —y podrá impartirlo— en la esperanza cristiana que apunta a la gloriosa liberación final (Rom. 8:21-25).

CUESTIONARIO

1. *¿Cómo debe interpretarse la frase «el pastor como consejero ha de olvidarse de que es predicador»?*
2. *¿Cuáles son, a su juicio, las condiciones más importantes en que ha de desarrollarse una conversación en la práctica de la cura de almas?*
3. *¿En qué debe consistir la fase orientativa de la entrevista?*
4. *¿Qué problemas plantea la «proyección» en la relación consejero-entrevistado?*
5. *Refiera un caso en el que usted actuó de consejero y analice lo que considera sus aciertos y sus errores a la luz de lo estudiado.*

Capítulo XIX

PROBLEMAS DE FE

Con este capítulo iniciamos el estudio de una serie de problemas que frecuentemente son planteados al pastor en la cura de almas. No son los únicos importantes. Sin embargo, los que vamos a considerar no sólo son de los más comunes, sino que constituyen la raíz de muchos otros.

Por su naturaleza intrínsecamente religiosa, empezamos con los relativos a la fe, los cuales pueden inquietar a creyentes y a no creyentes. Parte de lo que vamos a exponer puede tener aplicación a estos últimos; pero al tratar la cuestión en su conjunto tendremos en mente de modo especial a la persona creyente.

La fe es de importancia capital no sólo desde el punto de vista teológico; lo es también en el plano existencial. «Por la fe estáis firmes», escribió Pablo (II Cor. 1:24). Por la fe, Pedro anduvo sobre las aguas; y cuando el temor debilitó su confianza, empezó a hundirse (Mt. 14:28-30). A causa de la fe, pudo escribirse el monumental capítulo 11 de la carta a los Hebreos. Por la fe, el cristiano logra su victoria sobre el mundo (I Jn. 5:4). La fe le impulsa a las mayores empresas, a las renuncias, al sacrificio gozoso, al tesón perseverante. Con razón Tolstoi la situaba entre las fuerzas por las cuales viven los hombres.

Pero aun la fe más robusta suele tener sus horas de crisis. Según William James, «nada hay más común en las páginas de la biografía religiosa que la sucesión alternativa de períodos de fe vigorosa y de fe en dificultades» (1).

Cuando la fe flaquea, sobreviene un debilitamiento espiritual general, lo que expone al creyente a frustraciones, lo incapacita para una acción vigorosa y, a la larga, lo coloca al borde de la apostasía. Urge, pues, ayudar a quien se halla en tal situación.

Como en todos los casos de cura de almas, el pastor debe actuar con simpatía y comprensión. El Señor atendió solícito al clamor de un hombre que se debatía entre la fe y la incredulidad (Mc. 9:14-27). Cuando Simón Pedro se hundía en el lago de Genezaret, antes de aludir a la duda de su discípulo, Jesús, «extendiendo la mano, asió de él» (Mt. 14:31). Es de valor decisivo que la persona cuya fe vive horas de conflicto sienta el calor y la fuerza liberadora de la mano pastoral.

Para facilitar su estudio, clasificaremos los problemas de fe según las causas que más a menudo los originan.

Problemas intelectuales

Contrariamente a lo que algunos piensan, no siempre una fe en conflicto es consecuencia de algún pecado. Con frecuencia, la dificultad es originada por la reflexión —más o menos influenciada por corrientes filosóficas o por la experiencia personal— sobre los grandes temas de la revelación bíblica. No siempre es fácil asimilar de inmediato y honradamente todo lo que la Escritura nos declara acerca de la naturaleza de Dios, de su soberanía, de la Trinidad, de la persona de Cristo, de la caída humana, de la expiación del pecado, de la acción del Espíritu Santo, de la paradoja experimental en la fe del creyente —*simul justus et peccator* (justo y pecador al mismo tiempo), como decía Lutero— de las glorias y miserias de la Iglesia, de la escatología, etc.

---

1. William James, *Varieties of religious experience*, The Fontana Libr., p. 80.

La persona que piensa tiene un largo camino que recorrer antes y después de su conversión a Cristo. Y el camino en algunos puntos es abrupto, a veces doloroso. En cualquier caso, la misión del pastor no es reprochar los tropiezos, los detenimientos e incluso los retrocesos momentáneos de quien transita por él, sino acompañar, guiar y alentar para que el caminante llegue a buen fin.

La meta es la «plena certidumbre de fe» (Rom. 8:38, 39; I Tes. 1:5; Heb. 10:22). Pero aun los creyentes que la alcanzan no están completamente a cubierto de dudas. Hay personas cuya estructura mental, esencialmente analítica y racionalista, mantiene abiertos interrogantes en la periferia de la más sólida certidumbre. En su caso especialmente, como alguien ha dicho, la duda acompaña a la fe del mismo modo que la sombra al cuerpo. Pero las preguntas aún no contestadas, las dificultades teológicas no plenamente resueltas, no tienen efectos debilitantes en el creyente de fe madura, quien puede seguir afirmando: «Yo sé a quién he creído y estoy seguro de que es poderoso para guardar mi depósito para aquel día» (II Tim. 1:12).

Para ayudar al cristiano de fe vacilante, el pastor debe exponerle adecuadamente la naturaleza y el fundamento de la fe. No es ésta un salto irracional, como pensaba Kierkegaard. Ni es una actitud pragmática decidida por iniciativa propia. Es la respuesta del hombre a la Palabra de Dios (Rom. 10:17). Esta Palabra nos interpela y nos llama en un plano diferente, superior al de la mera convicción racional —cierto— o al del mero sentimentalismo. Es la voz del Espíritu de Dios que habla a nuestro espíritu por encima de toda especulación metafísica. Pero nos habla en Cristo, el Cristo histórico, ahora glorificado, el Cristo de la Escritura. La Palabra en El encarnada llega a nosotros a través de la revelación bíblica, fuente segura de conocimiento de los hechos salvíficos de Dios y guía segura para su interpretación. Cristo sanciona la autoridad de las Escrituras y las Escrituras dan testimonio de Cristo (Jn. 5:39). Sobre esta trabazón maravillosa se apoya nuestra fe.

La fe cristiana no puede ser probada mediante demostraciones reservadas exclusivamente al campo de las matemáticas, pero estriba sobre un fundamento de hechos, no de ideas, suficientemente firme para cualquier persona seria, por exigente que sea intelectualmente. La encarnación, la muerte y la resurrección de Cristo, al igual que sus enseñanzas, son atestiguadas por hombres que convivieron con El y que en la defensa de su testimonio arriesgaron o dieron sus propias vidas. En cuanto a la fidedignidad de sus escritos, las conclusiones de la crítica histórico-literaria son positivamente decisivas (2). Cuando el cristiano descansa sobre tal fundamento, su fe se mantendrá a pesar de todas las dificultades, aunque deberá renovarse constantemente por la acción vivificadora de la Palabra.

Un auxilio valioso para quienes dudan sinceramente por motivos intelectuales puede ser la lectura de libros de apologética cristiana bien seleccionados. El pastor debiera conocerlos para poder recomendarlos (3).

Problemas morales

No todos los conflictos de fe tienen una causa intelectual. A menudo se deben a cuestiones de índole moral. No importa que la persona que los vive trate de ocultar la verdadera identidad del problema bajo la apariencia de dificultad doctrinal. Muchas objeciones al Evangelio tienen sus raíces no en la mente sino en la conducta. Ilustrativa de este hecho es la experiencia de Félix, el gobernador romano ante el cual hubo de comparecer Pablo (Hec. 24:24-26).

Como hemos visto en el punto anterior, la fe se nutre de la Palabra en comunión con Dios. Pero el pecado interrumpe

---
2. Recomendamos la obra del profesor F. F. Bruce ¿*Son fidedignos los libros del Nuevo Testamento?*

3. En la actualidad son especialmente recomendables obras como *Cristianismo básico*, de John R. Stott, las de Francis Schaeffer, y de C. S. Lewis o Carl F. Henry para quienes pueden leer inglés.

esa comunión y nos empuja a la región de las tinieblas (I Jn. 1:6). Aquí se abre un abismo entre la apariencia y la realidad; y la fe, inevitablemente, entra en crisis. Como atinadamente afirmara Bonhoeffer, «sólo el creyente obedece y sólo el obediente cree» (4).

Pero cometería un error fatal el pastor que se limitara únicamente a hacer una exposición de los principios éticos que deben regir la vida humana. De este modo arrastraría a la persona moralmente enredada al terreno de la ley, del que Cristo vino a liberarnos. No basta decir al caído, aunque sea con acentos transidos de emoción: «¡Debes levantarte!» Eso se lo ha dicho antes él mismo docenas de veces. Tampoco tendrá mayor efecto extenderse en discursos sobre las consecuencias del pecado; ya las ha previsto —y muy claramente— el que se ha deslizado, sin que ello le diera fuerzas para reaccionar. Generalmente, la persona envuelta en conflictos morales se siente impotente para desprenderse de los lazos que la atan. Lo único que puede resolver su situación es que alguien la ayude a deshacer las ligaduras, a encontrar el camino de la confesión, del diálogo, de la reparación, de la aceptación, de un nuevo principio de vida.

Una vez resuelto victoriosamente el conflicto, la fe volverá a brillar y actuar con toda su fuerza dinámica en el creyente.

Problemas espirituales

No pocos creyentes llegan a momentos de perplejidad, porque en el curso de su desarrollo hacia la madurez cristiana han tenido experiencias que han acabado por desconcertarlos. Tales experiencias, por lo general, se deben a una falta de visión y equilibrio bíblicos. Son muy variadas, pero las más corrientes se engloban en lo que podríamos denominar *proceso del optimismo al pesimismo*. Citaremos sus causas

---

4. *El precio de la gracia*, Edic. Sígueme, p. 46.

más importantes con algunas consideraciones teológicas que apuntan a la solución.

Carencia de solidez bíblica

Suele acontecer que la persona convertida a Cristo se ve al principio inflamada por un fuego de entusiasmo. Ha descubierto todo un mundo nuevo, maravilloso. Pero no siempre se mueve y avanza en ese mundo con correcta orientación. A menos que desde el primer momento alimente su fe mediante el estudio sistemático de la Escritura, probablemente caerá en la parcialidad; sentirá predilección por unos textos bíblicos determinados y descuidará muchos otros, lo que le impedirá contemplar en su conjunto la perspectiva de la revelación; enfatizará unos puntos doctrinales, quizá secundarios, y omitirá otros fundamentales. Esto siempre es peligroso; no sólo porque deja al creyente más expuesto a ser llevado de acá para allá por todo viento de doctrina (Ef. 4:14), sino porque tarde o temprano le enfrentará con vivencias turbadoras para las que carecerá de explicación. Le falta la luz de la totalidad, armoniosa y equilibrada, de la Palabra de Dios.

Oraciones ardientes no contestadas, fracasos y humillaciones, pruebas que al creyente se le antojan excesivamente duras, decepciones ante ejemplos poco edificantes de otros cristianos, reaparición de tendencias percaminosas que creía enterradas para siempre y otras experiencias análogas lo confunden gravemente. La superficialidad le ha impedido ahondar en lo que la Biblia enseña sobre la soberanía y la providencia de Dios, la doble naturaleza del creyente, los recursos inagotables de la gracia u otros grandes temas relacionados con el proceso experimental de la salvación. Y fácilmente pasa de la euforia a la depresión espiritual con el consiguiente debilitamiento de su fe.

Predominio de los sentimientos

También es frecuente, sobre todo en personas temperamentalmente predispuestas, que los sentimientos constituyan el elemento preponderante de la fe. Muchos ven el prototipo del cristiano en quien habla, ora y testifica apasionadamente o da muestras sensacionales de lo que consideran carismas del Espíritu.

Los sentimientos son inseparables de nuestra personalidad y tienen un lugar importante en nuestra experiencia cristiana. No es bíblica la devaluación de las emociones que se observa en nuestros días. Pero éstas no deben nunca ocupar el primer lugar, que sólo corresponde a la Palabra recibida por fe en sumisión inteligente y voluntaria al Señor.

Se caracterizan los sentimientos por su inestabilidad. La fe que se apoya en ellos es igualmente inestable y los acompaña en todos sus altibajos. Esa fe únicamente medra en ambientes de excitación emocional o de estímulos psicológicos, por lo que languidece gravemente cuando se ve privada de ellos. La tragedia espiritual es muy difícil de evitar cuando la espiritualidad depende de una atmósfera o de un tipo determinado de experiencia más que de la comunión personal con Cristo. Es la tragedia acarreada por una forma sutil de idolatría demasiado extendida, por desgracia, en algunos sectores evangélicos. Descubrirla y contribuir a desarraigarla es otra de las responsabilidades pastorales.

En el caso que nos ocupa, no debiera el consejero espiritual sugerir una renuncia a los sentimientos, sino la necesidad de someterlos al control de una mente iluminada por la Palabra de Dios.

Perfeccionismo

El cristiano se sabe llamado a ser santo, a crecer en la gracia, a perfeccionar la santificación en el temor de Dios (I Ped. 1:15; II Ped. 3:18; Rom. 6:6-14; II Cor. 7:1). Y, por supuesto, su vida debiera experimentar un constante desarrollo en su transformación a la imagen de Jesucristo (Rom. 8:29; II Cor. 3:18). Pero son muchos los creyentes que tienen ideas erróneas sobre la santificación.

Algunos viven en la paz de su autoaprobación, producto de la superficialidad. Con una mentalidad legalista, semejante a la del joven rico del evangelio, viven tranquilos —demasiado tranquilos— porque «cumplen» sus deberes cristianos. En su conducta no hay pecados escandalosos; mantienen la costumbre de leer la Biblia y orar diariamente; asisten con regularidad a los cultos, testifican, etc. Pero no han llegado a percatarse de la verdadera naturaleza del pecado, profundamente enraizado en todo ser humano aun después de la conversión, ni de sus manifestaciones sutiles. Tampoco han llegado a comprender que la esencia del verdadero cristianismo no es el mero cumplimiento de unos preceptos, sino la identificación personal con Cristo en una experiencia de rendición, de comunión y de servicio inspirado en la gratitud (II Cor. 5:14, 15; Gál. 2:20; Fil. 3:4-11). Los creyentes de este tipo fácilmente pueden seguir indefinidamente en su estado de propia complacencia. Pero si de algún modo sus ojos son abiertos y descubren su verdadero estado espiritual, pueden pasar por un momento de abatimiento, de auténtica crisis. Recuérdese la experiencia de Pedro después de la pesca milagrosa (Luc. 5:8). En momentos así, la orientación pastoral puede constituir una bendición inestimable.

Otros creyentes sufren a causa de un problema diametralmente opuesto al anterior. Desde el principio de su vida cristiana han tenido ansias profundas de una perfección que al principio veían gozosos al alcance de la mano, pero que nunca llegan a alcanzar. Dados a la introversión, se examinan a sí mismos continuamente y se sienten torturados no sólo por el descubrimiento de nuevas manifestaciones de pecado, sino por múltiples escrúpulos de conciencia o por ideas obsesivas de culpabilidad que les roban la paz y la capacidad de ocuparse fructíferamente en alguna forma de servicio cristiano. De nuevo, el optimismo inicial se ha trocado en decepción.

Puede tener esta experiencia causas de tipo neurótico, pero también puede ser consecuencia de un concepto erróneo de la santificación o incluso de actitudes en el fondo opuestas a la voluntad y a la gloria de Dios.

En la práctica, muchos creyentes confunden inconscientemente la santificación con la glorificación. Olvidan que la primera es un proceso, una carrera cuya meta está más allá de los límites de nuestra vida en la tierra. Nuestra salvación en su plenitud, nuestra total liberación, todavía no es objeto de experiencia sino de esperanza. No sólo «la creación gime a una y a una está con dolores de parto hasta ahora... también nosotros mismos, que tenemos las primicias del Espíritu, nosotros también gemimos en nuestro interior, esperando la adopción, la redención de nuestro cuerpo» y nuestra transformación a semejanza de Cristo (Rom. 8:20-25. Comp. Fil. 3:20, 21; I Jn. 3:12).

Por otro lado, conviene asegurarnos que en nuestros anhelos de perfección no se oculta paradójicamente un elemento pecaminoso. En nuestra aspiración a ser esmejantes a nuestro Padre celestial puede haber una actitud inspirada por la más refinada carnalidad. Podemos desear ser santos, como Dios es santo, no pensando tanto en la gloria que esto reporta a su nombre como en nuestra propia gloria, en la satisfacción que suele producirnos cualquier clase de encumbramiento, incluso el espiritual. Fue precisamente la sugerencia satánica de «ser como Dios» la que hizo caer a Eva.

En cualquier caso, es importante que el creyente comprenda el carácter transitorio e imperfecto de nuestra experiencia cristiana en el mundo. Como bien aconseja Francis Schaeffer, «antes de que Cristo vuelva, no debemos insistir en "o la perfección o nada", pues, de hacerlo así, acabaremos en "nada"» (5).

El que, según el plan de Dios, la perfección no sea alcanzada por sus hijos en este mundo nos es altamente beneficioso. Sólo una conciencia constante de nuestra pecaminosidad y de nuestra debilidad nos permiten valorar las riquezas inmensas de la gracia de Dios, recurso supremo del cristiano en todo el proceso de su salvación. En esas riquezas halla el redimido consuelo y perdón cuando cae y estímulo para se-

---

5. *Op. cit.*, p. 164.

guir adelante cuando se ha levantado. Para él la gracia no es un pasaporte para cruzar a su antojo, libre y alternativamente, la frontera entre el reino de Cristo y el de la potestad de las tinieblas del que un día salió (Col. 1:13). Es el secreto dinámico que hace efectiva su salvación en una evolución maravillosa que, según propósito eterno de Dios, va de la elección en Cristo a la glorificación por vía de una providencia sabia y amorosa, de un llamamiento eficaz y de una justificación perfecta, definitiva (Rom. 8:28-30).

Lo expuesto en este capítulo subraya, una vez más, la necesidad de que el pastor conozca con la mayor profundidad posible no sólo la naturaleza humana y sus problemas, sino también la Palabra de Dios, depósito de respuestas y soluciones que deberán usarse bajo la dirección del Espíritu Santo.

CUESTIONARIO

1. *¿Cómo influye la intensidad de la fe en la vida espiritual del creyente?*

2. *¿Es posible una fe vigorosa con dudas? Concrete la respuesta y razónela.*

3. *¿Cómo trataría usted a una persona con problemas de fe de tipo intelectual?*

4. *Exponga un caso en el que se haya observado el paso de un creyente «del optimismo al pesimismo». Analícelo e indique el modo de tratarlo.*

Capítulo XX

SENTIMIENTOS DE CULPA

Por más que algunos psicólogos se empeñen en eliminar la idea de culpa, causa —según ellos— de perturbaciones psíquicas, el hecho es que innumerables seres humanos se ven atormentados por sentimientos de culpabilidad.

Tales sentimientos son prácticamente tan universales como el miedo, el hambre o el amor (1).

El optimismo y el pesimismo han ido sucediéndose a lo largo de la historia en la apreciación de la condición moral del hombre y su responsabilidad. Hoy parece predominar un sentimiento acusatorio. El doctor Sarano ha titulado nuestra época «el siglo de la mala conciencia», y Jean Guitton ha escrito: «Hacia 1880, los resultados de un análisis moral podía haberse resumido en el siguiente aforismo: aun los culpables son inocentes. En 1945 sería necesario invertir los términos: aun los inocentes son culpables... Vivimos en la era de los jueces» (2).

La amplitud de este problema obliga al pastor a prestarle atención, a examinar sus manifestaciones, descubrir sus causas y proveer la dirección que ayude a resolverlo.

---

1. Medard Boss, *Lebensangst, Schuldgefühle und psychotherapeutische Befreiung*, 1962, p. 13.
2. *La philosophie de la culpabilité*, Psyche, París, abril-mayo, 1948, p. 542.

Concepto de culpa

El doctor Paul Tournier, en el capítulo VII de su magnífica obra *Vraie ou Fausse Culpabilité* (Culpa verdadera o ficticia) (3), hace un resumen de las opiniones de eminentes psicólogos que exponemos sucintamente a continuación.

Según Freud, los sentimientos de culpa son el resultado de presiones sociales. Nacen en la mente del niño cuando sus padres le riñen, y no son otra cosa que el temor a perder el amor de los padres, los cuales, de pronto, se le han vuelto hostiles.

Para Adler, el sentimiento de culpa surge cuando el individuo se niega a aceptar su inferioridad. Para Jung, cuando se rehúsa la aceptación plena de uno mismo.

Especial mención hace de Odier, quien distingue entre culpa «funcional» y culpa de «valores». La primera es consecuencia de una sugestión social, del temor a tabúes o a perder el amor de otros. La segunda es la conciencia genuina de que se ha transgredido una norma auténtica; es el juicio libre que el hombre hace de sí mismo bajo la acción de una convicción moral.

Tournier reconoce lo que de válido puede haber en estas opiniones, pero subraya la cautela con que deben analizarse los sentimientos de culpa, ya que su naturaleza a menudo es mixta. Cita a Martin Buber en su petición de que la psicoterapia reconozca la existencia de la «culpa genuina» en compañía de la culpa «neurótica» o «irreal». Por otro lado, a ojos de Buber, la culpa genuina siempre gira en torno a alguna violación de relaciones humanas, constituye una ruptura en la relación Yo-Tú. Es una culpa relativa a otros.

Consciente de lo incompleto de estos conceptos, se refiere Tournier a las escuelas psicológicas de Maeder y Rank, las cuales han añadido una nueva dimensión: la culpa en relación con Dios. La referencia a Dios ilumina el problema

---
3. Existe una versión inglesa de este libro con el título *Guilt and Grace*, Hodder and Stoughton, Ltd.

notablemente; partiendo de ella, la «culpa ficticia» es la que resulta de los juicios y sugerencias de los hombres. «Culpa verdadera» es la que se produce como resultado del juicio divino.

Esta apretada recopilación de lo escrito por Paul Tournier nos sitúa ante el concepto bíblico de la culpa, inseparable del de pecado. Existe la culpa cuando el hombre desacata la autoridad de Dios y comete transgresión de cualquiera de los mandamientos revelados en su Palabra (I Jn. 3:4). La violación puede afectar al propio trangresor o a sus semejantes, pero en el fondo siempre concierne a Dios (Sal. 51:4). En cualquiera de estos casos, el sentimiento de culpa tiene un fundamento tan real como triste y sólo puede eliminarse a la luz de la obra expiatoria de Jesucristo. Pero antes de ocuparnos de la solución del problema nos detendremos en algunas otras aclaraciones.

Sentimiento de culpa y conciencia

Es evidente la relación existente entre ambos. El sentimiento de culpa se produce cuando la conciencia hace oír su voz condenatoria. Pero la conciencia —en su sentido moral, no psicológico— no es un juez infalible. No tiene una existencia objetiva, inalterable, casi personal, como algunos han llegado a suponer. Es más bien la capacidad que el hombre tiene para discernir entre el bien y el mal, y tal discernimiento varía grandemente según la configuración moral de la sociedad en que vive, de acuerdo con sus usos y costumbres. Los antiguos espartanos no parecían tener remordimientos de conciencia cuando despeñaban desde el Taigeto a los niños que nacían deformados o visiblemente débiles. Tampoco hay evidencias de que los aborígenes de Formosa tuvieran el menor conflicto moral cuando imponían la «caza de cabelleras» como prueba de hombría indispensable para poder contraer matrimonio. Ni parece probable que, por consideraciones éticas, los antropófagos hayan tenido jamás problemas digestivos después de haber engullido carne humana.

Sin embargo, los problemas de conciencia se han dado en todos los pueblos y en todos los tiempos. En toda sociedad, independientemente del carácter de su normativa moral, ha habido acciones que se han tenido por buenas y formas de conducta que se han condenado. Y, a pesar de las aberraciones a que muchas veces se ha llegado, en el fondo ha subsistido el principio de justicia como factor determinante de la conducta y, por consiguiente, como eje de la conciencia. Quizá lo más interesante es observar que, como señala C. S. Lewis, todo ser humano se percata de dos hechos fundamentales: que debe vivir de acuerdo con unos imperativos morales y que vive por debajo de ellos, pues no llega a cumplirlos (4). De aquí la universalidad de los sentimientos de culpa, así como del concepto bíblico de condenación (Rom. 2:14 y ss.).

En el caso del cristiano, la conciencia es iluminada por la revelación bíblica, lo que la hace por un lado más sensible y por otro más equilibrada. En realidad, el juez del cristiano no es su conciencia, sino Dios mismo a través de su Palabra. Toda contravención de sus preceptos —y sólo eso— es pecado. Cualquier otro motivo de remordimiento interior es causa de «culpa ficticia».

Aunque parezca sorprendente, hay en nuestras iglesias creyentes con sentimientos de culpa creados no por la Palabra de Dios, sino por sistemas tradicionales de «moralidad» o «espiritualidad» de corte humano. Falla el concepto mismo de moral cristiana, pues no se percibe su verdadera naturaleza: obediencia a Cristo por la dinámica del amor. En palabras de F. F. Bruce, «en la Biblia, la Teología es gracia y la Etica gratitud». Pero este principio fundamental se ha perdido de vista y la vida cristiana se ha convertido para muchos en un nuevo legalismo. La calidad de la fe no se muestra tanto por la sinceridad y el amor auténtico, sino por la aceptación de unas formas de expresar la piedad en las que sobresalen múltiples prohibiciones con resabios victorianos.

---

4. *Mere Christianity*, Fontana Books, p. 19.

No es extraño que muchos, fuera de las iglesias, piensen como el joven que menciona el doctor Bovet: «La religión es lo que a un hombre no le está permitido hacer» (5). Nos atrevemos a asegurar que muchos sentimientos de culpa ficticia desaparecerían si las iglesias llegaran a librarse de todos los «tabúes» que, sin base bíblica, se han introducido en ellas.

Conciencia hipersensible o neurótica

Aun entre creyentes conocedores de la Biblia, puede darse el sentimiento de culpa debido a una apreciación desorbitada de ciertos hechos que, sin ser realmente pecado, se consideran como tal. «Una conciencia afinada y despierta —escribe Reinhold Ruthe— es buena; una conciencia superafinada es morbosa. El neurótico se agita con una conciencia hipersensible. No hay nada, por insignificante que sea, que no se someta a la crítica de la conciencia. Se pone el sello del pecado sobre cosas que nada tienen que ver con el pecado. Se reacciona ante pequeñas faltas u omisiones con duros autorreproches. El arrepentimiento raya en el propio tormento» (6).

Tal hipersensibilidad moral puede ser un síntoma de verdadera neurosis, en cuyo caso debería tratarse con la debida orientación psiquiátrica. Puede manifestarse, no obstante, en personas relativamente normales, pero excesivamente introspectivas, que no cesan de examinarse a sí mismas. Refiriéndose a ellas, afirma el doctor Martin Lloyd-Jones que «tienden a estar siempre analizando lo que hacen y preocupándose por los posibles efectos de sus acciones, olfateando siempre la senda de su conducta, siempre llenas de una pesadumbre vana... Es obvio el peligro de que tales personas caigan en la morbosidad» (7).

---
5. Citado por P Tournier, *Guilt and Grace*, p. 119.
6. *Seelsorge*, Brockhaus, p. 141.
7. *Spiritual depression*, Eerdmans, p. 17.

Detrás de esta forma de comportamiento, en la zona del inconsciente puede ocultarse un impulso refinado de propia afirmación, de ensalzamiento por encima de los demás. «Cuanto más severos son consigo mismos, tanto más juzgarán a otros; cuanto más pulcros, más críticos hacia sus semejantes» (8).

Sea cual sea la causa de una conciencia hipersensible, siempre deberá el consejero obrar con tacto y amor en su tarea de guiar a la persona afectada a una comprensión clara tanto de sus exageraciones como de las auténticas demandas de Dios.

Pecado y enfermedad

Al usar estos dos términos pisamos terreno resbaladizo. En opinión de algunos, toda conducta no ajustada a la rectitud moral es pecado, y de él es plenamente responsable quien lo comete. A juicio de otros, el pecado no existe. Cualquier desviación moral es de carácter patológico. No hay pecadores; sólo hay enfermos. El comportamiento humano está determinado de modo absoluto por infinidad de factores condicionantes. Es, pues, absurdo cargar sobre el individuo una responsabilidad que no corresponde a su verdadera naturaleza (9).

Es necesario admitir la complejidad que existe en la conducta de todo ser humano, en la que no caben posturas absolutas de «blanco o negro». No debemos caer en posiciones extremas, ni en la de un moralismo dogmático ni en la de un determinismo a ultranza. Hemos de establecer la diferencia entre pecado y enfermedad. «Desde el punto de vista moral, la diferencia estriba en que el pecado se origina en la voluntad del hombre, el cual es, por consiguiente, responsable; mientras que la enfermedad moral brota de fuerzas aje-

---

8. R. Ruthe, *op. cit.*, 141.
9. Sobre esta cuestión, véase el cap. XI del libro *Técnica psicoanalítica y fe religiosa*, del doctor Paul Tournier.

nas a la voluntad y sobre las cuales el hombre tiene escaso dominio, si es que algún dominio tiene... Esta es a grandes rasgos la diferencia principal. Mas es difícil mantenerla en todos los casos, porque se pasa del uno a la otra en un claroscuro, a ambos lados del cual hay zonas limítrofes disputadas» (10).

Hay conducta inmoral que es resultado de anomalías psíquicas. Sirva como ejemplo la reincidencia en el robo por parte del cleptómano. En otros casos puede ser debida a la acción de fuerzas alojadas en el inconsciente, originadas en experiencias vividas en los primeros años de la infancia, cuando aún no existía sentido de responsabilidad. Puede también suceder que la perversión moral sea consecuencia de un hábito creado a fuerza de repetir actos degradantes. Tal es el caso del alcohólico. Cuando ya se ha convertido en víctima del alcoholismo apenas se le puede hacer responsable de sus reiteradas caídas en la embriaguez, si bien pudo ser responsable en sus primeros pasos hacia el hábito esclavizante. Lo mismo puede decirse del drogadicto.

Atención especial merece el caso del convertido al Evangelio con un gran lastre de hábitos pecaminosos. Cabe esperar un cambio profundo obrado por el Espíritu de Dios. La historia de la Iglesia abunda en ejemplos de transformaciones maravillosas (Agustín de Hipona, Juan Bunyan, etc.). Pero también se ha visto en la experiencia de creyentes sinceros que, transcurrido algún tiempo después de su conversión, rebrotaron con fuerza alarmante los impulsos de viejos hábitos. Pueden producirse recaídas y, aun si éstas no llegan a consumarse, no por eso es menos inquietante el conflicto interior. Posiblemente la razón es que, del mismo modo que algunas enfermedades físicas dejan secuelas crónicas, así hay experiencias que dejan huella con una influencia que perdura a lo largo de toda la vida en la tierra. De hecho, con mayor o menor intensidad, todo creyente vive esa lucha entre la

---

10. Thomas H. Hughes, *La psicología de la predicación y la obra pastoral*, La Aurora, p. 178.

carne —que sobrevive en él— y el Espíritu, pues la tiranía del pecado no se manifiesta únicamente en los extravíos de tipo sensual, sino también en el dominio que sobre nosotros pueden tener pecados como el orgullo, la envidia o el resentimiento.

Por supuesto, no todos los pecados tienen los mismos factores atenuantes. Muchos se cometen deliberadamente, con buenas posibilidades de evitarlos. Aun en este terreno de lo que podríamos denominar pecados voluntarios, debe tenerse en cuenta lo que de condicionante hay en la vida de una persona. Pero, por otro lado, nunca debe anularse su responsabilidad moral, lo que acabaría con toda posibilidad de resolver sus problemas. Sólo los enajenados mentales son totalmente irresponsables. Como sugiere T. H. Hughes, «a veces será necesario hablar claro y mantener en alto las grandes realidades morales, sin condenar, pero sin condonar o excusar el pecado» (11).

Reacciones inadecuadas producidas por el sentimiento de culpa

Destaquemos las más frecuentes:

Autodefensa

Hay una tendencia innata en el ser humano a rehuir la culpa, ya que ésta significa deterioro del prestigio. Cualquier acusación, exterior o interior, provoca un impulso de autojustificación. Puede parecer contradictorio que en la misma persona coexistan el sentimiento de culpa y el empeño o en negar la culpa, pero esto es lo que sucede a menudo.

Uno de los mecanismos de autodefensa más comunes es la *racionalización*, mediante la cual una persona trata de convencerse a sí misma de que lo que hizo era lo justo y lo correcto. El que roba puede alegar como justificante su ne-

---

11. *Op. cit.*, p. 182.

cesidad en contraste con la suntuosidad y el derroche por parte de su víctima. Esta «lógica privada», como la denomina Adler, trata de imponerse a fin de salvaguardar el sentimiento de propia dignidad, indispensable para no hundirse uno ante sí mismo y ante los demás. Pero, por supuesto, esta reacción es un autoengaño que raras veces prospera, por lo que el sentimiento de culpa subsiste.

Otro mecanismo de autodefensa es el de la *inculpación*, por el que se descarga la culpa sobre otras personas o sobre determinadas circunstancias. Esta reacción es tan antigua como el hombre. Adán atribuyó la responsabilidad de su caída a la mujer que Dios le había dado, y Eva, a la serpiente que la había tentado. Pero la inculpación es tan inefectiva como la racionalización cuando se trata de eliminar un sentimiento de culpa propia. Adán y Eva corrieron a esconderse cuando, después de su pecado, se apercibieron de la presencia de Dios, cosa que no habrían hecho si de veras hubiesen estado convencidos de su inocencia.

Agresividad

Es una forma activa de autodefensa. En la inmensa mayoría de los casos, la agresividad tiene su raíz en experiencias de frustración. La culpa surge de una frustración moral, de un fracaso humillante en el comportamiento ético, y cuando otros métodos para tranquilizar la conciencia resultan inoperantes, se produce una reacción de ira contra los demás, especialmente contra aquellos que parecen moralmente superiores.

Esta fue la reacción de Caín. Y la de muchas otras personas, incluidos algunos creyentes, que no han entendido en la práctica el tratamiento bíblico del pecado. Muchas de las tensiones existentes en las relaciones humanas, aun dentro de la esfera eclesial, se deben a la hostilidad causada por sentimientos de culpa no resueltos.

Autocondena

Esta reacción puede obedecer a la convicción ineludible de haber obrado injustamente. El sentimiento de culpa en este caso va acompañado de vergüenza, de menosprecio y severo reproche hacia uno mismo, a la par que busca medios de autoexpiación. Quien se cree culpable no se siente satisfecho hasta que de algún modo cree haber «pagado» el mal que ha cometido. Esto explica el arraigo de formas diversas de sufrimiento o sacrificio en casi todas las religiones desde tiempos remotos. Aun la persona irreligiosa, consciente o inconscientemente, siente la necesidad de alguna forma de padecimiento como retribución a sus delitos. Dostoievski ha expuesto este hecho en algunas de sus obras con un dramatismo estremecedor (12).

A tal punto llega a veces este sentimiento de necesidad de autoexpiación que origina trastornos dolorosos de la más diversa índole. «Numerosas enfermedades, tanto físicas como nerviosas, incluso accidentes, o frustraciones en la vida social o profesional, se revelan a través del psicoanálisis como intentos inconscientes de expiación de la culpa. Es una forma de castigo que el paciente se inflige a sí mismo y que continúa repitiéndose indefinidamente con una especie de fatalidad inexorable» (13).

Pero puede acontecer también que la autocondena no sea sino una forma sutil de autodefensa. Existe un reconocimiento de culpa que es la corrupción del arrepentimiento. La persona que se declara culpable y muestra dolor por la falta cometida despierta, por lo general, una honda simpatía en los demás. «Para hacerse amar, puede una persona coquetear con sus pecados; inconscientemente, por supuesto. Se humilla para ser ensalzada; se muestra dócil, se acusa a sí misma y da la impresión de que empieza una nueva vida. Pero lo que en el fondo ha entrado en juego es un autoen-

---
12. Las experiencias de Raskólnikov en *Crimen y castigo* o de Mitia en *Los hermanos Karamazov*, por ejemplo.
13. P. Tournier, *Guilt and Grace*, p. 175.

gaño asombroso... La escenificación dramática de los sentimientos de culpa tranquiliza la conciencia» (14). El consejero debe estar prevenido contra este ardid. Aceptarlo sería dejar sin solución real el problema que nos ocupa.

Compensación

El culpable —o quien cree serlo— no ve modo satisfactorio de justificar sus faltas o imputar su responsabilidad a otros. Tampoco se deja arrastrar por su intranquilidad interior a acciones agresivas, lo que aumentaría su carga de culpa o de autocastigo. Simplemente trata de compensar el mal hecho con obras nobles. Sólo Dios sabe cuántas iniciativas filantrópicas no ocultan este sentimiento. No deja de ser un recurso imaginativo de la mente que contempla a Dios poniendo en un platillo de la balanza de su justicia los pecados de los hombres y en el otro sus obras meritorias. Todo es cuestión de que éste pese más que aquél.

El pastor sabe bien cuán absurda es esta idea desde el punto de vista teológico, pero debe contar con que son muchos los que inconscientemente se aferran a ella.

El único remedio

Lo primero que el consejero ha de hacer es descubrir si los sentimientos de culpa son auténticos o ficticios. En este último caso, ayudará con paciencia a la persona consultante a comprender lo infundado de su ansiedad. Lo mismo hará cuando claramente se vea que en vez de pecado hay enfermedad. Pero cuando se encuentre con casos de verdadera culpa, orientará conforme a las enseñanzas bíblicas relativas al pecado y la redención.

He aquí los puntos básicos de tal orientación:

---

14. R. Ruthe, *op. cit.*, p. 149.

Reconocimiento del pecado

Sin menguar un ápice la simpatía hacia el paciente espiritual, sin regatear esfuerzos en el reconocimiento de posibles condicionamientos, el pastor ha de guiar la conversación de modo que el pecado aparezca con toda su fealdad. Jamás puede decir «blanco» o «gris» si Dios ha dicho «negro». La rectitud moral no es un capricho de Dios; es un imperativo. Es el único camino para alcanzar la plena realización humana. Darse al pecado es deshumanizarse. Y hundirse, lejos de Dios, en una existencia trágica. El mayor daño que se puede hacer a una persona es decirle: «¡Paz, paz!» cuando no hay paz (Jer. 6:14), cuando le sobran motivos para no tenerla. Ninguna enfermedad seria se cura tratando de aminorar su gravedad. Cada uno debe reconocer su responsabilidad moral.

Pero conviene, al mismo tiempo, hacer notar la universalidad de la culpa (Rom. 3:9-23; I Jn. 1:8, 10). Cualesquiera que sean las acotaciones críticas que se hagan al texto de Juan 8:1-11, el episodio que en él se relata refleja impresionantemente la culpabilidad de todos los seres humanos. Aun los santos deben recordar constantemente que son compañeros en la gracia porque habían sido —y en cierto modo siguen siendo— compañeros en el pecado.

Confianza en las promesas divinas de perdón

Abundan en toda la Escritura. Para citar sólo algunas, recordemos textos tan preciosos como Is. 1:18; 55:7; Jer. 31:34; Ez. 33:11; Luc. 1:77; Mt. 9:2-6; Hec. 10:43; I Jn. 1:9.

El perdón otorgado por Jesús a la mujer adúltera y su constante acercamiento a pecadores de todas clases son expresión del amor perdonador de Dios.

En el perdón divino, a la misericordia se une la justicia. Ese perdón se basa en la obra expiatoria de Cristo (Rom. 3:24-26; I Jn. 1:7; 2:1,2), la cual excluye totalmente cualquier intento de autoexpiación. La sangre de Cristo purifica realmente la conciencia (Heb. 9:14), de modo que el creyente pueda verse completamente liberado de todo remordimiento. La más monumental exposición que de la gracia de Dios se conoce la hallamos en los primeros ocho capítulos de la carta a los Romanos. Empieza con las más negras tenebrosidades del pecado que hace de todos los hombres reos ante Dios, pero concluye con un cántico de salvación gloriosa. Es el canto inspirado por el triunfo de un Dios decidido a redimir al hombre de la culpa y de la tiranía del pecado y acabar con cualquier forma de condenación, todo ello en virtud de la obra del gran Mediador: Jesucristo. «¿Quién acusará a los escogidos de Dios? Dios es el que justifica. ¿Quién condenará? Cristo es el que murió; más aún, el que también resucitó, el que además está a la diestra de Dios, el que también intercede por nosotros.» (Rom. 8:33, 34.)

La persona que comprende el alcance de estos hechos y los acepta mediante la fe, a menos que padezca de neurosis obsesiva, se sentirá liberada. No tendrá necesidad de racionalizar su culpa, ni de proyectarla sobre otros, ni de obstinarse en expiarla de algún modo, ni de compensarla. La reconoce objetivamente; acepta su responsabilidad. Pero sabe que la gracia de Dios excede a todo pecado. Y descansa. Gozoso, hace suya la exclamación paradójica de Agustín de Hipona: *¡Felix culpa!* Con los más grandes santos de la Iglesia, «se siente pesimista respecto a sí mismo, pero optimista en cuanto a Dios» (15).

Confesión

Según la enseñanza bíblica, debe hacerse directamente a Dios, como la hizo David después de su doble pecado (Sal. 32:5), pues sólo Dios puede borrar la culpa.

Sin embargo, es también recomendable la confesión al hermano (Sant. 5:16). La versión española de Reina-Valera correspondiente a este versículo puede hacer pensar que se

---

15. P. Tournier, *op. cit.*, p. 160.

refiere a ofensas personales; pero el término original, *paraptómata*, tiene un significado más amplio. Literalmente expresa la idea de caída *(ptoma)* al lado de *(para)*, cerca de algo o de alguien. Los mejores lingüistas ven en esta palabra un sinónimo de *hamartía*, el vocablo que generalmente se usa en el Nuevo Testamento para referirse al pecado. Por eso es preferible la versión de la Biblia de Jerusalén: «Confesaos mutuamente vuestros pecados.»

Esta práctica nada tiene que ver con la confesión auricular católica, en la que el sacerdote se arroga —aunque sea por delegación— la facultad de perdonar pecados. El perdón, ciertamente, es prerrogativa divina. Y es suficiente la confesión hecha a Dios a solas. Sin embargo, hay en la confesión a otra persona una virtud terapéutica indiscutible. En no pocos casos, produce una sensación más real de descarga, de liberación. Psicológicamente es una gran ayuda para que se llegue a sentir la realidad del perdón. En esta cuestión, frecuentemente no basta saber; conviene también sentir. No olvidemos que lo más torturante de la culpa es precisamente el sentimiento que produce.

Por supuesto, no todas las personas están capacitadas para escuchar una confesión. Les falta madurez y discreción. Pero si el que confiesa su pecado a Dios encuentra asimismo alguien que pueda escucharle con amor y sabiduría, hará bien en abrirle su corazón, referirle la experiencia de su caída y después escuchar, de labios del consejero, la absolución que con toda autoridad brota de la Palabra de Dios. El beneficio de tal confesión a menudo excede a lo imaginable.

Lógicamente, este tipo de confesión no sólo es aconsejable, sino que se impone cuando el pecado se ha cometido contra una persona determinada. En tal caso, es a ésta a quien debe también darse cuenta del desliz y a quien se debe pedir perdón.

Reparación de la falta cuando sea posible

Sólo así se muestra la autenticidad del arrepentimiento. Este no consiste en un mero sentimiento de pesar por el mal cometido. Lo que se puede corregir debe ser corregido. Si hay algo que devolver, se devuelve. Así obró Zaqueo. Si hay algo que romper, se rompe. Si, por el contrario, hay algo que recomponer, se recompone. Si queda alguna herida por curar, hay que aplicarse a curarla.

Unicamente de este modo puede tener lugar un nuevo comienzo, esencia de todo arrepentimiento genuino y consecuencia de toda confesión sincera.

Renuncia al pecado

El mismo que dijo a la adúltera: «Ni yo te condeno», añadió: «Vete y no peques más» (Jn. 8:11). El que con Cristo ha muerto al pecado, no puede seguir viviendo habitualmente en él (Rom. 6:2-4).

La actitud de repudio del pecado por parte del creyente no equivale a imposibilidad de nuevos lapsos. Esto debe recordarlo el consejero a quien ha experimentado la acción liberadora de Cristo. Puede haber recaídas que exigirán nuevo arrepentimiento, nueva confesión, nuevo principio por la fe en el Mediador eterno (I Jn. 2:1,2). Pero si prevalece la confianza en la gracia de Dios, ya no habrá lugar para prolongados sentimientos torturadores engendrados por remordimientos de conciencia. La vida cristiana todavía no será perfecta, pero será una vida sana y apacible.

CUESTIONARIO

1. ¿Qué diferencia existe entre la culpa verdadera y la ficticia.

2. Explique por qué la conciencia no siempre es guía infalible en lo que se refiere a normas de conducta.

3. ¿Cuáles son las características de una conciencia neurótica?

4. El hombre ¿es moralmente libre o es, por el contrario, esclavo de un determinismo absoluto? ¿Hasta qué punto?

5. Exponga un caso práctico de reacciones inadecuadas producidas en una persona por el sentimiento de culpa.

6. Según la enseñanza bíblica, ¿cuál es el tratamiento adecuado para liberar a una persona de sus sentimientos de culpa verdadera?

Capítulo XXI

EXPERIENCIAS DE TRIBULACION

El sufrimiento es común a todos los seres humanos. Mientras no se consume la obra redentora de Dios, «la creación entera gime» (Rom. 8:19-23). Padecimientos físicos y morales ensombrecen con frecuencia la vida de las personas entre las cuales vive el ministro del Evangelio, lo que exige de él una labor consolante. Quizá nunca podremos explicar satisfactoriamente el misterio del sufrimiento, pero siempre podremos acercarnos a los que lloran para llorar con ellos y animarlos.

El texto más clásico sobre esta faceta del ministerio es II Cor. 1:3-7. Aquí Pablo y sus colegas aparecen como protagonistas en un doble sentido: como beneficiarios del consuelo divino en sus propias tribulaciones y como instrumentos para confortar a otros atribulados. El verbo, *parakaleo*, literalmente significa «llamar para estar al lado» de alguien; pero la idea predominante es la de consolar, animar, fortalecer. El nombre, *parakletos*, se aplica al Espíritu Santo (Jn. 14:16, 17, 26; 15:26; 16:7). El ministro viene a ser, pues, un colaborador del Espíritu de Dios. Como tal, se sitúa junto al afligido para impartirle la ayuda que necesita. Su acción, por consiguiente, será tanto más eficaz cuanto más lleno esté del Espíritu.

Por otro lado, teniendo en cuenta que el Espíritu Santo realiza su obra por medio de la Palabra de Dios, es necesario que el consolador humano use adecuadamente esa misma Palabra. Es esencial que conozca lo que ella enseña sobre el dolor.

El sufrimiento a la luz de la Escritura

La revelación divina no aclara todos los enigmas relativos a la existencia del mal. Pero nos muestra las diversas facetas del sufrimiento. Evidentemente éste es considerado como una intrusión en el orden original de la creación. Constituye una de las consecuencias del pecado (Gén. 3:16-19). Muchas veces es el resultado natural de una mala conducta, la cosecha del pecado (Os. 8:7; Gál. 6:8). Otras, la acción disciplinaria de Dios, quien paternalmente trata de corregir a su pueblo (Prov. 3:12; Heb. 12:5-11). En algunos casos, tiene carácter de prueba destinada al fortalecimiento de la fe y a la maduración del carácter cristiano (I Ped. 1:5-7; Rom. 5:3-5). Ningún seguidor de Cristo habría de sorprenderse del embate de tribulaciones en su vida (Jn. 16:33; I Ped. 4:12), más bien debiera gozarse. Aun las mayores adversidades están bajo el control de Dios (Job. 1:12; 2:6; Am. 3:6; I Cor. 10:13) y todo es dirigido para nuestro eterno enriquecimiento moral conforme al propósito divino (Rom. 8:18, 28; II Cor. 4:17; Sant. 1:12).

Pero lo más impresionante del testimonio bíblico es que Dios mismo ha penetrado en la esfera del sufrimiento (Is. 63:9). Lo hizo objetivamente en la persona de su Hijo encarnado, el Siervo doliente en su humillación hasta la muerte de cruz (Is. 53:3-12; Fil. 2:7, 8). De modo maravilloso, mediante su propia experiencia de aflicción inigualable, dignificó el sufrimiento. Ahora, para sus seguidores, es un grandísimo honor beber de su copa (Mt. 20:23) y participar de algún modo de sus padecimientos (Rom. 8:17; Fil. 3:10; Col. 1:24).

Estos datos bíblicos, debidamente aplicados al atribulado, pueden convertirse en el más suave de los bálsamos y en luz que disipe muchas tinieblas.

Son múltiples las causas de sufrimiento: pérdidas sensibles, decepciones amargas, fracasos, problemas profesionales, heridas sentimentales, etc. Ante la imposibilidad de examinar por separado cada una de ellas, nos limitaremos a tres de las más frecuentes:

Temores y ansiedades

T. H. Hughes cita al eminente psiquiatra Ernest Jones, quien en una carta le exponía la opinión de que no hay en el mundo «necesidad mayor que la liberación de la tiranía del temor» (1).

El temor normal es un elemento saludable. Nos estimula para reaccionar frente a los peligros que nos acechan constantemente e incluso para prevenirlos. Es un factor creativo que nos mueve a pensar, trabajar y luchar con objeto de lograr situaciones en las que nos sintamos más o menos seguros. Pero fácilmente puede adquirir el temor proporciones desmesuradas y entonces se convierte en ansiedad, a veces en terror.

Este mal se ha acentuado enormemente en los últimos tiempos. Los problemas económicos se hacen cada día más complejos y difíciles. La inflación, las crisis, el aumento de necesidades creadas por la vida moderna, las dificultades relativas a la vivienda, educación de los hijos, salubridad, etc., constituyen una preocupación obsesionante para infinidad de familias. Si a todo ello añadimos los temores conocidos en todas las épocas —temor a la soledad, a dejar de ser amados, a la deslealtad, a la desgracia imprevista, a la enfermedad, a la muerte— comprenderemos cuán fácilmente puede caerse en la ansiedad.

Los efectos del temor desproporcionado siempre son deplorables. La ansiedad o produce amilanamiento o genera agresividad. En todos los casos turba la paz espiritual. En al-

---

1. *Op. cit.*, p. 195.

gunos, puede ser causa de serios trastornos psíquicos: depresión, ideas obsesivas, fobias u otras formas de psicosis (2).

¿Cómo puede ayudar el pastor a la persona dominada por la angustia del temor? Cuando la ansiedad no es de tipo patológico, las promesas de la Palabra de Dios son de eficacia incomparable. Puede el ministro hacer reflexiones sobre lo infundado de muchos temores; puede recordar a la persona acongojada que el noventa por ciento de nuestros sufrimientos se deben al temor de desgracias que nunca llegan a acontecer. Pero el remedio más activo no radica en la lógica humana, sino en la fidelidad de nuestro Padre amoroso. Textos como Mat. 6:25-34; Rom. 8:28, 32; Fil. 4:6, 7, 19, han devuelto la confianza y la paz a millones de personas. La experiencia del creyente en el pasado le hace exclamar: «Hasta aquí me ayudó el Señor» (I Sam. 7:12). Ha podido ver el «oportuno socorro» (Heb. 4:16) aun en los momentos más difíciles. Y esa experiencia robustece su esperanza en cuanto al futuro: «Nada me faltará» (Sal. 23:1). Lo importante, pues, es que alguien le recuerde atinadamente lo que Dios dice y hace en favor de su pueblo.

Enfermedad

Casi a diario se enfrenta el pastor con ese tipo de tribulación. Ante ella debe actuar con tanta presteza como simpatía, sobre todo cuando la enfermedad es de cierta importancia. El enfermo suele tener sentimientos de soledad e impotencia; fácilmente cae en la ansiedad ante posibles consecuencias irreparables de su dolencia. En tal estado, la visita pastoral puede ser para él una bendición inestimable.

Tal visita debiera contribuir a crear en torno al paciente una atmósfera de santo optimismo. Por supuesto, el pastor no ha de caer en extravagancias humorísticas impropias de la

---

2. Recomendamos la lectura del capítulo XI de la obra *La salud de la personalidad*, por Leslie D. Weatherhead, Edit. «La Aurora».

situación, pero tampoco debe aparecer como si estuviese anticipando un funeral. Un rostro, una actitud y una conversación que irradian serenidad y confianza ejercen una influencia saludable sobre el enfermo.

No es posible dar normas para lograr efectos positivos en las visitas a enfermos, pero hemos de destacar tres puntos que comúnmente son de gran importancia:

1) *La necesidad de desvanecer errores*

Algunos enfermos se atormentan pensando que su dolencia es debida a algún pecado, lo que en muchísimos casos puede no ser verdad.

Es cierto, como han podido comprobar los especialistas en medicina psicosomática, que el estado espiritual influye poderosamente en el organismo físico. Ulceras de estómago, disfunciones gastrointestinales, vértigos, algunas formas diversas de parálisis y de trastornos cardíacos o respiratorios pueden tener causas psíquicas o morales, tales como la frustración, el miedo, la ansiedad, un resentimiento intenso, fuertes sentimientos de culpa, etc. Pero sería ir demasiado lejos afirmar que toda enfermedad es consecuencia de algún pecado. Esta era la teoría errónea de los amigos de Job que Dios mismo refutó. Como hemos apuntado al referirnos al sufrimiento en general, Dios puede tener propósitos muy positivos al permitir el quebrantamiento de nuestra salud o de nuestra integridad física.

Otro pensamiento que ha turbado a más de un cristiano es que su dolencia se debe a su escasa fe. Una confianza plena en el poder de Dios —se piensa— obraría indefectiblemente la curación. A veces esta inquietud se ha hecho colectiva. Creyentes en mayor o menor número se han reunido para orar por el hermano doliente compartiendo la convicción de que, bajo la acción de una fe suficientemente robusta, el milagro se operará con toda seguridad. La experiencia de la decepción vivida cuando tal tipo de oración queda sin respuesta ha creado más de un serio problema espiritual. Pero

¿tenemos base bíblica suficientemente sólida para abrigar una certidumbre absoluta respecto a la curación en todos los casos? Hemos de admitir que, del mismo modo que la ansiedad, el odio o el sentimiento de culpa influyen desfavorablemente en la salud física, así la confianza plena en Dios facilita la curación de una enfermedad. Pero no hasta el punto de que siempre haya de ser un factor decisivo. Dios puede obrar —y obra— maravillas de sanidad; pero su soberanía está por encima de nuestra fe.

Es muy importante que el enfermo tenga tranquilidad de espíritu. A ello contribuirá el que alguien le ayude a disipar todo error respecto a causas espirituales de su dolencia. Un ejemplo que aclara lo que llevamos dicho al respecto nos lo ofrece Timoteo. No hay ni una sola indicación en el Nuevo Testamento que nos lleve a atribuir sus «frecuentes enfermedades» (I Tim. 5:23) a pecados especiales en su conducta o a falta de fe.

2) *La necesidad de fomentar la sumisión*

Dios es nuestro Padre amante. El sabe todas las cosas. Todo lo puede. Su providencia es eminentemente benéfica (Rom. 8:28). Aun los cabellos de nuestra cabeza están todos contados (Mt. 10:30) y ni uno sólo cae al suelo sin su consentimiento. Pero no siempre entra en sus planes obrar liberaciones espectaculares. Muchas veces es propósito suyo mantenernos en estados de debilidad, de aparente derrota, que pueden acabar con la misma muerte. Pero siempre se manifiesta la gloria de su poder. En unos casos, a través de la restauración; en otros, dando fuerzas para sufrir o morir. A esa acción soberana de Dios, la fe debe responder con actitud de sumisión. Lo que Dios haga siempre será lo mejor para cada uno de sus hijos. La fe tiene dos vertientes (recuérdese Heb. 11:29-35a en contraste con 11:35b-38): una bañada en luz; la otra envuelta en sombras; pero ambas son igualmente gloriosas.

El enfermo que entienda esta gran verdad bíblica y se la apropie descansará interiormente. No insistirá excesivamente en sus peticiones de curación. Más bien orará diciendo, como su Salvador: «¡Hágase, Padre, tu voluntad!»

3) *La oportunidad de reflexionar sobre la vida*

Cuando la enfermedad postra en el lecho a una persona, ésta suele ocuparse en multitud de reflexiones. Está en condiciones óptimas para darse cuenta de sus limitaciones, de su debilidad, de la facilidad con que puede ser arrancado de su trabajo habitual, de su círculo de amistades, de sus diversiones, de su hogar. Puede comprender que sobre las mayores aspiraciones pende siempre una espada de Damocles. Más o menos intensamente asoma la idea de la muerte. Ahora todo aparece en una nueva perspectiva. De modo inevitable surge en la mente de muchos pacientes una serie de interrogantes: ¿Han valido la pena todos los esfuerzos encaminados a alcanzar metas temporales? ¿Ha sido correcto el orden de prioridades establecido en la vida? ¿No han sido pura mezquindad de espíritu las ambiciones, las envidias, los resentimientos? ¿No ha sido una gran pérdida la poca importancia otorgada a los valores espirituales?

El pastor, sin caer nunca en el juicio condenatorio, hará bien en guiar al enfermo a través de estas reflexiones para que, si Dios lo sana, dé una nueva orientación a su vida más en consonancia con el propósito de su Señor.

Observaciones generales sobre visitas a enfermos

La duración de las mismas debe determinarse según el estado del paciente. Nunca debe ser larga. La persona enferma no está, por lo general, en condiciones de sostener una conversación prolongada. El esfuerzo físico y mental la perjudica. Sólo a medida que vaya recuperándose, podrán los diálogos ser más extensos y profundos. En los casos graves, la visita debe limitarse a unos breves minutos. Si el pastor permanece más tiempo, debería hacerlo con los familiares, retirado a cierta distancia del enfermo, a ser posible en otra habitación. No debe olvidarse que la familia del paciente necesita generalmente casi tanta atención pastoral como el paciente mismo.

Salvo excepciones, que apenas llegan a darse, la lectura o recitación de textos adecuados de la Escritura y la oración no deben omitirse al visitar a un creyente. En la visita a personas inconversas, deberá actuarse según las circunstancias aconsejen. Que el pastor ore estrechando entre sus manos la del enfermo puede tener efectos altamente confortantes; sin embargo, no aconsejaríamos esta práctica para todos los casos. La intuición, la sensibilidad y la discreción guiarán al pastor en esta cuestión como en tantas otras.

Mención especial merece el dilema planteado por enfermedades incurables. ¿Debe darse a conocer al paciente su verdadera situación? La mayoría de médicos y familiares se resisten a ello por los serios efectos contraproducentes que puede tener en el enfermo. Probablemente más de una vez la prudencia del silencio es recomendable. Pero también son muchos los casos en que un enfrentamiento con la realidad por parte del paciente es aconsejable. Huelga decir que el anuncio fatal debe ser hecho con una gran dosis de sabiduría y con todo el apoyo espiritual de la Palabra de Dios.

Muchos enfermos desahuciados han preferido no ser engañados y no sólo se han sobrepuesto al golpe inevitable, sino que su conocimiento de la realidad les ha permitido tomar decisiones finales sobre cuestiones de gran trascendencia que, de otro modo, habrían significado grandes problemas para los supervivientes, especialmente para sus familiares. Ocultar a todo enfermo lo clínicamente inevitable es, en cierto modo, atentar contra la gracia de Dios que tantas maravillas ha obrado en lechos de moribundos. Infinidad de testimonios inspiradores no se habrían escrito jamás si todos los creyentes hubiesen muerto sin saber que se morían. Sin un conocimiento de la realidad, probablemente muchas personas convertidas en los últimos días de su vida habrían muerto impenitentes (3). Se trata, pues, de un problema con implicaciones pastorales muy serias, por lo que el ministro deberá buscar la dirección de Dios para obrar como más convenga.

Otro caso delicado es el de enfermedades infecciosas. ¿Debe o no debe el pastor visitar a las personas que las padecen? Su responsabilidad se extiende no sólo a los enfermos, sino también a los sanos, a quienes podría contagiar. Creemos que en este caso su deber es doble. No puede excusarse de visitar al enfermo, pero ha de tomar todas las medidas profilácticas señaladas por los médicos.

Muerte

El fallecimiento de una persona es uno de los acontecimientos que demandan la presencia del ministro cristiano cuando el difunto o alguno de sus deudos se incluyen en el círculo de su ministerio. Su influencia en tal ocasión puede dejar una huella de simpatía imborrable. Lo hondo de tal huella depende de la comprensión que el pastor tenga del hecho en sí de la muerte y del amor con que se acerque a los que lloran la partida del ser querido.

En pocos casos se acepta la muerte del familiar amado como una liberación casi deseada. Esto puede suceder en casos extremos de enfermos ancianos, incurables, que sufren y hacen sufrir a quienes les rodean. Pero normalmente la muerte cae sobre las familias como un zarpazo atroz, desgarrador.

Existe en algunos cristianos cierta tendencia a minimizar el horror a la muerte. Llevan más allá de lo humano y lo cristiano la diferencia que ante tal suceso debe haber entre creyentes y no creyentes. Creen que la esperanza cristiana debiera capacitar a todo hijo de Dios para reaccionar ante el fallecimiento del padre, la madre, el hijo, el hermano, como

---

3. Este hecho indiscutible no excluye lo dudoso de muchas conversiones a última hora.

lo haría ante la ausencia temporal del mismo ser con motivo de un viaje. Olvidan, al parecer, que es en la Biblia donde se nos presenta a la muerte como «la reina de los terrores» (Job 18:14), que Jesús se conmovió profundamente y lloró ante la tumba de Lázaro y que los cristianos de Jerusalén hicieron «gran lamentación» con motivo de la lapidación de Esteban (Hec. 8:2).

Muy acertadamente escribe Vernon Grounds acerca de la muerte: «Es una pérdida irreparable (al menos desde la perspectiva de la existencia en este mundo), la destrucción de una relación significante, un sentimiento de vacío interior, un colapso de planes, un marchitamiento de esperanzas, y a veces una reestructuración de la vida cuando no quedan fuerzas ni ganas para la tarea... En muchos casos es un horror no mitigado, una tragedia que perfora el caparazón de una familiaridad profesional. En todos los casos, si se acepta el punto de vista bíblico, la muerte es una anormalidad horrenda, una perversión grotesca de un orden creado por Dios, como una rasgadura violenta de lo que debiera ser un tejido sin costura. El pastor debiera ser consciente de esto, no morbosamente, pero sí enfáticamente» (4).

Sólo cuando nos percatamos de la magnitud trágica de la muerte, de su horror y de su parentesco con el pecado, estamos en condiciones de apreciar la excelencia de la gracia de Dios que en Cristo nos da el triunfo de la vida eterna. No se trata de minimizar la repulsión y el dolor causados por la muerte, sino de magnificar a Aquel que «sacó a luz la vida y la inmortalidad por el Evangelio» (II Tim. 1:10), lo que para el creyente constituye una fuente de consolación inefable.

Debe el pastor, sin embargo, ser comprensivo cuando una persona, a pesar de su fe, reacciona negativamente ante la pérdida de un ser amado. El gran predicador Joseph Parker, famoso por su ministerio en el «City Temple» de Londres, quien jamás había conocido la duda, llegó al borde del ateís-

---

4. Baker's, *Dict. of Practical Theol.*, p. 227.

mo a raíz del fallecimiento de su esposa. Una experiencia semejante tuvo C. S. Lewis, el gran pensador cristiano convertido del agnosticismo. Estos profundos abatimientos no duran, por lo general, indefinidamente. Lo importante es que la persona así abatida sienta el calor de un corazón amigo, la presencia pastoral que aun sin palabras ayude a recuperar la serenidad y la confianza en Dios.

En cuanto al *funeral*, conviene subrayar algunas observaciones. Es una ocasión solemne, sumamente propicia para que el pastor proclame las verdades gloriosas del Evangelio, la palabra de Aquel que dijo: «Yo soy la Resurrección y la Vida; el que cree en mí, aunque muera, vivirá» (Jn. 11:25).

La predicación no debe ser un panegírico del difunto, pero tampoco puede ser impersonal. Algunos datos biográficos, determinados rasgos del carácter o de la vida del fallecido —si era cristiano, por supuesto— pueden y deben ser incluidos con sobriedad en la plática, siempre que la atención principal de quienes escuchan sea fijada en el Creador más que en la criatura, en el Redentor más que en el redimido.

Tampoco debieran faltar palabras de consolación y aliento para los familiares y de reflexión, de admonición, de discreto llamamiento incluso, para los inconversos que a veces en gran número asisten a un culto fúnebre. Cuídese, no obstante, que —como sucede en algunos lugares— el funeral no se convierta en un culto de evangelización casi idéntico a cualquiera de los cultos evangelísticos normales de una iglesia. No se pierda de vista en ningún momento la ocasión especial; no se olvide ni al fallecido ni a los deudos. Bien está que en estas ocasiones, a través del predicador, hable el evangelista; pero es aún más importante que hable el pastor. Además, la experiencia ha demostrado que el impacto espiritual en las personas ajenas a la iglesia es mayor cuando el culto mortuorio es lo que debe ser que cuando se usa como pretexto para el fin casi único de evangelizar, y ello con escasa o nula sensibilidad.

La labor pastoral no siempre concluye con el funeral. La muerte puede haber deteriorado grandemente las estructuras de la vida familiar. Puede afectar a la actividad profesional. Y nada digamos de la herida moral abierta en el corazón de los que siguen viviendo. La depresión, el tedio, la indiferencia hacia todo, la falta de coraje para reemprender la vida en una nueva etapa, las ganas de unirse al fallecido, hacen fácilmente presa en el ánimo de quien ha perdido a un ser entrañable. En estos casos, el pastor es llamado no sólo a consolar sino a aportar su contribución de guía con objeto de reorientar y fortalecer las vidas traumatizadas por el golpe de la muerte (5).

Sin lugar a dudas, las experiencias que el pastor recordará con satisfacción más profunda serán aquellas en que Dios le usó para consolar y ayudar a sus hermanos en horas de aflicción.

CUESTIONARIO

1. *¿Qué nos enseña la Biblia acerca del sufrimiento?*

2. *Analícese la ansiedad de Jacob en Génesis 32 y detállense especialmente sus causas y el modo como el patriarca la superó.*

3. *¿Qué bendiciones espirituales puede reportar la enfermedad física?*

4. *Mencione alguno de los conceptos erróneos o de las actitudes impropias que el pastor puede tener ante el hecho de la muerte.*

5. *Haga una crítica —positiva o negativa— de alguno de los cultos a que usted ha asistido con motivo del fallecimiento de un hermano en la fe.*

---

5. Recomendamos encarecidamente la lectura del libro *Cuando me golpeó la muerte*, por Joseph Bayly, Edit. Caribe, 1974.

Capítulo XXII

PROBLEMAS CONYUGALES

Aunque generalmente ocultas en la intimidad del matrimonio, dificultades más o menos graves amenazan la armonía conyugal de innumerables parejas.

Las situaciones conflictivas en la esfera matrimonial tienen repercusiones serias tanto en el orden espiritual como en el social. Un hombre —o una mujer— que no vive en buena relación con su cónyuge difícilmente podrá mantener una auténtica comunión con Dios. Como consecuencia, fácilmente caerá en la amargura o en el resentimiento, circunstancias propicias para toda suerte de crisis o deslices. Por otro lado, la tensión afectará a las relaciones con sus hijos, con sus compañeros, con la Iglesia. Incontables actitudes irascibles, de oposición sistemática, de intolerancia, de crítica negativa han tenido su origen en conflictos matrimoniales sin resolver.

La intervención del pastor en estos problemas está, pues, justificada, aunque es difícil. Pocas personas se deciden a solicitarla por temor al menoscabo de su prestigio. Prefieren aparentar un matrimonio normal, aunque estén llegando al borde del divorcio interior. Cualquier insinuación que se les haga respecto a posibles dificultades es cortada secamente o desviada con finura. Más de una vez hallará el pastor bloqueada la vía del consejo a matrimonios de su congregación. Sin embargo, en los casos en que la dificultad es tan grave como notoria, deberá decidirse a intervenir, superando con la máxima delicadeza toda barrera que los cónyuges trataran de oponer.

Señalamos a continuación lo que todo consejero matrimonial cristiano debe tener en cuenta en su actuación.

Concepto bíblico del matrimonio

Es esencial no olvidarlo ni desfigurarlo bajo la influencia de una ética de situación. Las normas morales de la sociedad permisiva en que vivimos se vuelven cada vez menos rígidas; pierden su carácter absoluto y tienden a adaptarse más a los impulsos primarios del ser humano que a principios permanentes. El concepto de amor se ha prostituido Se identifica a menudo con la cópula sexual en un plano que en poco o nada se diferencia de la misma práctica entre irracionales. Se mira con lenidad creciente cualquier extravío sexual. Las relaciones pre- o extramatrimoniales, la promiscuidad y el divorcio casi se consideran normales y en muchos casos aconsejables. La homosexualidad es defendida abiertamente. Todo puede ser lícito y conveniente si contribuye a acabar con las represiones sexuales, causa —según algunos— de múltiples desequilibrios psíquicos.

Las legislaciones de los países más «civilizados» están siendo objeto de revisión con objeto de autorizar aun las mayores aberraciones. Con el pretexto de contribuir a una mayor liberación humana, lo que se hace es vestir con ropaje legal la relajación moral de la sociedad. Es una rendición formal ante las fuerzas de la bestialidad degradada que domina al hombre.

En los países menos desarrollados culturalmente no existe demasiada preocupación por las modificaciones legislativas, pero en la práctica se observa el mismo relajamiento. Envueltas en ese ambiente, las iglesias a menudo se enfrentan con problemas semejantes a los de la iglesia de Corinto, cuya licencia moral heredada del paganismo hubo de combatir Pablo duramente.

La actual situación del mundo exige del ministro cristiano una exposición clara de la enseñanza bíblica sobre la sexualidad. A través de la predicación, de conferencias o de cursillos de orientación prematrimonial —que pueden ampliarse a matrimonios—, debe proveerse la instrucción necesaria.

Destaquemos esquemáticamente los puntos más sobresalientes.

La sexualidad es inherente a la naturaleza humana

Lo es en virtud del propósito original de Dios. Gén. 1:27 es un texto clave. En él se nos presentan al hombre y la mujer, juntos, como la expresión plena, sublime, de la humanidad, en contraposición a todas las corrupciones introducidas posteriormente por el hombre mismo.

Es elocuente el comentario de Emil Brunner sobre este versículo: «¡Declaración doble, inmensa en su sencillez lapidaria!... Con ella, desaparece todo un universo de mitos y de especulaciones gnósticas, de cinismo y de ascetismo, de culto al sexo y de miedo a la sexualidad» (1).

En el relato complementario de la creación del hombre (Gén. 2) hallamos datos de gran importancia sobre la naturaleza de la sexualidad humana, muy superior a la de los demás animales. Aquí aparece el elemento de comunión de los sexos en su sentido más elevado, como correspondía a un ser hecho a imagen de Dios. La sexualidad en el hombre no estaría determinada simplemente por un instinto fisiológico, sino por un conjunto de afinidades profundas, tanto físicas como intelectuales, morales y espirituales.

El matrimonio, provisión divina

En Gén. 2 aparece el hombre en su gran soledad; rodeado de seres vivientes en un mundo maravilloso, pero sin que ninguno de ellos pudiera suplir su necesidad. Sólo cuando

---

1. *L'homme dans la contradiction*, cit. por Henri Blocher en su artículo «La sexualité dans la Bible», *Perspectives Réformées*, 1975, núm. 4.

Dios le proporciona la «ayuda idónea», descubre lo sublime de la sexualidad de que Dios le había dotado.

La mujer era parte de sí mismo, «hueso de sus huesos y carne de su carne» (v. 23), su «gloria» (I Cor. 11:7). Aunque dos seres distintos, vendrían a constituir una unidad misteriosa, inefable (Gén. 2:24).

En este acoplamiento total de hombre y mujer se basa el triple principio que posteriormente había de configurar el matrimonio según el plan de Dios:

a) «*Deja el hombre a su padre y a su madre*» (Biblia de Jesuralén). El matrimonio implica el desgajamiento de una situación familiar previa, imprescindible para que pueda efectuarse adecuadamente, sin problemas, la unión matrimonial.

b) «*Se une a su mujer*». Se trata de un acto libre, determinado no por voluntades ajenas sino por propia decisión. El verbo en el original hebreo significa adherirse, pegarse fuertemente. Es la misma palabra que hallamos en Génesis 34:3 para expresar la experiencia de Siquem con Dina. El relato en su totalidad es por demás significativo. Primeramente, Siquem se deja llevar por la fuerza bruta de su pulsión sexual y comete un acto de violación. Su acción queda dentro de los límites de la animalidad repugnante. Hubo cópula física, pero nada más. En cambio, cuando después se siente atraído hacia Dina por un amor intenso, que hablaba «al corazón de ella», cuando en su vivencia sexual entran en juego no sólo su cuerpo sino toda su capacidad afectiva y una voluntad seria de amar, de unirse totalmente a la mujer escogida, tiene una experiencia que, con todas sus imperfecciones, refleja la verdadera naturaleza de la unión conyugal.

c) «*Se hacen una sola carne*». Esta realidad trasciende lo meramente físico. Incluye los sentimientos más intensos de ternura y devoción en un acto de mutua entrega sin reservas.

Según el ideal bíblico, en el abrazo conyugal hay mucho más que el contacto de dos cuerpos; hay una fusión de dos personalidades en su totalidad. De este modo, el acto sexual viene a ser como un sacramento a nivel humano por el que marido y mujer se infunden recíprocamente la plenitud de su ser. En el espíritu de esa comunión, desarrollarán juntos las restantes actividades de su vida y el matrimonio alcanzará la solidez monógama e indisoluble que Dios ha querido darle (Mt. 19:4-6). Fuera de ese plano, el matrimonio se torna vulnerable, frágil; queda expuesto a mil riesgos. Y se degrada. «La cópula sin comunión es fornicación» (2).

La corrupción del matrimonio

Desgraciadamente, el pecado trastocó el orden de la creación y el matrimonio, originalmente fuente de realización y plenitud humana, se ha convertido en infinidad de casos en causa de frustración y conflicto.

Desde el momento mismo de la primera transgresión, se inicia un cambio en la relación entre hombre y mujer. La comunión de amor se trueca en una forma de despotismo que hace del hombre señor de la mujer (Gén. 3:16). La monogamia es sucedida por la bigamia (Gén. 4:19). La familia es invadida por un espíritu de violencia (Gén. 4:23, 24). La belleza original del matrimonio desaparece para dar lugar a la fealdad de matrimonios mixtos en los que la concupiscencia de la carne era el único vínculo de unión (Gén. 6:1, 2). Este embrutecimiento de la raza provoca el juicio del diluvio.

La historia posterior del mundo está plagada de fornicaciones, adulterios, incesto, poligamia, concubinato, homosexualidad. Al orden original de la creación ha sucedido el desorden introducido por el pecado. El caos sexual tiende a acentuarse a causa de la laxitud moral prevaleciente en nuestro tiempo. Y seríamos unos ilusos si pensáramos que los miembros de las iglesias cristianas están completamente a salvo de su influjo.

---

2. Ethelbert Stauffer, *Kittel's Theol. Dict. of the N. T.*, vol. I, p. 650.

La redención del matrimonio

Cuando Jesús, dialogando con los fariseos, reivindicó el orden original del matrimonio, sus propios discípulos se sorprendieron y reaccionaron negativamente (Mt. 19:1-11). «Si así es la condición del hombre con su mujer, no conviene casarse» (v. 10). Con toda franqueza estaban expresando la imposibilidad de que el hombre, esclavo del pecado, viva conforme a la voluntad de Dios en la esfera conyugal. La respuesta de Jesús es iluminadora (v. 11). La capacidad para vivir de acuerdo con el plan divino, es dada por Dios mismo (Mt. 19:11). Forma parte de su obra amplísima de redención. Dios no sólo quiere salvar nuestra alma, sino nuestra vida. Su plan es rescatarnos de todas nuestras servidumbres. Ello incluye su deseo de redimir el matrimonio de toda degradación o frustración y restaurarlo, a pesar de las imperfecciones, a su orden original.

En las cartas apostólicas se amplía esta perspectiva. Los redimidos, que han entrado en una nueva relación con Dios, han de vivir en relaciones nuevas con sus semejantes. La renovación ha de manifestarse especialmente en el matrimonio, que ha de estar presidido por un amor semejante al de Cristo (Ef. 5:25-33), por el respeto mutuo, la cordura, la delicadeza y la espiritualidad cristiana (I Ped. 3:1-7).

Ante esta nueva perspectiva abierta por la Palabra de Dios, ningún creyente debiera pensar que su matrimonio, deteriorado por problemas hondos, no tiene arreglo. Para el Espíritu de Dios, en su acción renovadora, no existen imposibles.

Sin embargo, caeríamos en una excesiva ingenuidad si pensáramos que la mera presentación de la verdad bíblica puede resolver todos los problemas. Es necesario aplicarla según las diversas situaciones y las causas que las han motivado.

Causas frecuentes de conflictos conyugales

Sin tratar de ser exhaustivos, enumeraremos algunas de las más corrientes:

Ignorancia en cuanto a la verdadera naturaleza del matrimonio

Suele pensarse en él como el estado en el que va a encontrarse una felicidad maravillosa. Pero esa felicidad no se «encuentra»; se hace a base de prolongados años de esfuerzo, de abnegación, de comprensión, respeto y amor recíproco. Antes de emprender el camino —y una vez que la pareja se encuentra ya en él— es imprescindible un mínimo de realismo y madurez. Ni ella debe ver en él el príncipe soñado en su adolescencia, ni él en ella el hada encantadora que va a convertir en dicha todo cuanto ilumine con su presencia. Ambos cónyuges son humanos, lo que implica un cúmulo de defectos y debilidades que deben ir superándose en un afán constante de seguir adelante juntos.

Retraso en la evolución de la adolescencia a la madurez

Caracteriza a la adolescencia un proceso de ruptura, de desvinculación, tendente a la autonomía y la autoafirmación. Se manifiesta este proceso particularmente en relación con los padres. Pero cuando el joven ha logrado su emancipación ha de entender que debe usar su libertad dignamente. Tratar de retener su independencia en el matrimonio —lo que suele engendrar actitudes tiránicas— es sellar de antemano su destrucción.

Cuando Pablo, en su carta a los Efesios, establece un símil entre Cristo y el esposo, presenta al Señor no como a tal, sino más bien como siervo que se da hasta el supremo sacrificio por amor a la Iglesia. Marido y mujer deben aprender en la práctica la gloriosa servidumbre del amor.

Falta de afinidades básicas

No es necesario que marido y mujer tengan el mismo temperamento. Esto más bien puede resultar negativo. Cargas de electricidad del mismo signo se repelen, y algo análogo suele suceder en el matrimonio.

Una pareja en la que ambos tengan, por ejemplo, un carácter dominante o sean fácilmente irritables vivirá en un estado de tensión casi constante. Es mucho más fácil que los esposos se complementen si son distintos temperamentalmente.

Lo importante, casi decisivo, es que entre ambos existan afinidades básicas, puntos de vista y sentimientos comunes en cuanto a cuestiones fundamentales: vida espiritual, sensibilidad, vocación profesional, intereses culturales, concepto de la vida sexual, de la educación de los hijos, del trabajo, del dinero, de la amistad, de la hospitalidad, de las diversiones, etc. Cuanto mayor sea el número y el grado de estas afinidades, tanto mayor será el número de posibilidades de lograr un matrimonio armonioso y feliz. Si, por el contrario, esas afinidades faltan, el matrimonio difícilmente sobrepasará los límites de una simple coexistencia, pacífica en el mejor de los casos, pero opaca, insulsa.

Influencia perniciosa de los padres

No es sin motivo el que en el plan divino se incluya la norma de que el hombre deje a su padre y a su madre. Para las madres, sobre todo, resulta difícil aceptar la emancipación total del hijo. Las más dominantes pretenden mantener su autoridad sobre éste e imponer sus criterios en el nuevo hogar que él ha formado. La colisión con la nuera es prácticamente inevitable. En estos casos, el hijo y esposo se ve cogido entre dos fuegos. Por hábil que sea, las tensiones en su matrimonio irán en aumento.

Lo que se dice respecto al esposo y sus padres tiene igualmente aplicación a la mujer. En cualquiera de los casos, cuando las pugnas arrecian, se impone un distanciamiento de los padres, sin que tal distanciamiento haya de significar enemistad.

Ignorancia o desajustes sexuales

Resulta muy elevado el porcentaje de matrimonios seriamente deteriorados por este motivo. Es deplorable que tantas parejas vayan al altar nupcial sin la menor orientación relativa al factor sexual y su enorme importancia en la sana convivencia conyugal.

Unas veces la falta está en el marido. Porque desconoce o porque hace caso omiso de las diferencias entre hombre y mujer en el juego erótico con sus diversas fases que culminan en el orgasmo, actúa buscando tan sólo su propia satisfacción, dejando las más de las veces a la esposa en la más completa insatisfacción. Esta experiencia, si se repite con frecuencia, puede conducir a la mujer a una actitud más o menos consciente de repulsión hacia el acto sexual, sobre todo si llega al convencimiento de que ella se ha convertido en un mero objeto de placer para su marido, quien vive este momento de la relación matrimonial en un plano meramente físico, sin la aportación de toda la riqueza de sentimientos, delicadeza y ternura que tal experiencia exige.

Otras veces, la causa del problema radica en la mujer. La pasividad es consustancial con la naturaleza femenina; pero a menudo se convierte en resistencia que adquiere las más diversas formas. En la conciencia de muchas mujeres subyace un gran estrato de prejuicios opuestos al coito. Esto sucede especialmente en países de tradición católico-romana, donde, hasta hace poco, el ayuntamiento carnal en el matrimonio era considerado por muchas mujeres como una impureza tolerada. Esos prejuicios subsisten en muchas mujeres convertidas al Evangelio que no han llegado a asimilar la enseñanza bíblica relativa al sexo y al matrimonio. ¡Ignorancia fatal!

Diferente es el caso de la mujer frígida, cuya condición se debe no a prejuicios morales o religiosos sino a causas orgánicas o funcionales. Esta anomalía debe ser tratada por un ginecólogo.

Dado el hecho de que los impulsos sexuales —sobre todo en el hombre— tienen una fuerza enorme, es imprescindible que la pareja llegue a un acoplamiento sexual satisfactorio. Lo contrario es abrir de par en par la puerta a peligrosas tensiones y tentaciones.

También debiera completarse el asesoramiento pastoral con el del médico para fijar un criterio relativo al control de la natalidad o paternidad responsable. Muchas veces la desarmonía sexual en el matrimonio se debe al temor cerval que la esposa tiene a un nuevo embarazo. A este hecho pueden sumarse otros factores que hacen a menudo aconsejable una limitación en el número de hijos, cosa perfectamente lícita desde el punto de vista cristiano siempre que no se actúe por móviles egoístas. Es difícil entender que sea voluntad de Dios un nacimiento ilimitado de hijos en los casos en que la multiplicación de la prole ponga en peligro el compañerismo armonioso de los esposos, lo que al fin de cuentas ocupa el primer lugar en los propósitos de Dios respecto al matrimonio.

Falta de comunicación

La comunión exige comunicación. La falta de ésta origina situaciones deplorables en más de un cincuenta por ciento de matrimonios.

Debe tenerse en cuenta, no obstante, que la comunicación no es sinónimo de locuacidad. Hay personas que hablan mucho y no dicen nada. Pueden conversar durante horas sobre trivialidades o sobre terceras personas, pero sin hacer la menor declaración acerca de sus pensamientos íntimos, de sus sentimientos, anhelos, inquietudes, errores o pecados, etc. El esposo o la esposa —o ambos— nunca llega a tener suficiente confianza en su cónyuge para abrirse a él plenamente.

Se piensa que desvelar la propia interioridad es poner al descubierto defectos que pueden perjudicar más que beneficiar las buenas relaciones.

Sin duda, la comunicación a nivel profundo tiene sus problemas. Entraña el temor a la reacción de la otra persona, sobre todo si ésta es hipersensible o iracunda. Un sentimiento de inferioridad puede hacer temer la «derrota» en la discusión del problema. Preocupa seriamente la posible pérdida de prestigio como consecuencia de la confesión de faltas y pecados, la decepción que puede sufrir el otro cónyuge y su distanciamiento íntimo.

A estos inconvenientes puede añadirse: a) La dificultad que muchas personas tienen para escuchar, para comprender, para colocarse en el lugar del otro y penetrar en los conflictos y circunstancias que pueden haber determinado su comportamiento. b) Los rasgos temperamentales que a muchas personas inducen al retraimiento más que a la comunicación. c) El convencimiento —equivocado— de que todo esfuerzo de comunicación es inútil. Las frustraciones acumuladas a lo largo de años se ven como un muro infranqueable.

A pesar de todo, la comunicación sin reservas debe practicarse con perseverancia; no rehusando los temas de fricción o controversia, pero controlando los sentimientos de modo positivo; atacando el problema, no a la persona; esforzándonos en comprender con el mismo empeño que ponemos para ser comprendidos; aceptando la posibilidad de que estemos equivocados y estando dispuestos a reconocer nuestros yerros; desterrando las frases hirientes; perdonando y olvidando el pasado, sin tratar de resucitar muertos; orando el uno por el otro, individualmente y juntos. Hay «espíritus» —léase actitudes, temores, resentimientos, etc.— que sólo son echados por la dinámica de una fe que recurre a Dios en oración (Mc. 9:29).

El libro del Cantar de los Cantares es una bella ilustración de cuanto llevamos dicho sobre la comunicación en el matrimonio. La estructura del poema es esencialmente una sucesión de diálogos, entre los que sobresalen los de los dos grandes protagonistas: el esposo y su amada. En sus relaciones, no todo es ardor romántico, no todo es perfección. También hay egoísmo, negligencia, frustración, distanciamiento (5:2-8). Pero se reanuda el contacto con un diálogo renovado y así el amor se robustece hasta hacerse «fuerte como la muerte»; se inflama hasta convertirse en llama que «las muchas aguas no podrán apagar» (8:6, 7). Lo que pudo haber acabado en una dramática separación concluye con el triunfo de un amor que supo hallar los cauces de la comunicación.

La experiencia en muchos otros casos ha demostrado lo inescapable del dilema: comunicarse o perecer (3).

La actuación del pastor en los problemas matrimoniales

Además de las normas generales anotadas al tratar de la entrevista en la cura de almas, ténganse en cuenta las siguientes

Préstese atención a los momentos críticos del matrimonio

En este punto es difícil generalizar. Las tensiones graves pueden aparecer en cualquier momento. Sin embargo, pueden señalarse fases del matrimonio en que las crisis se presentan con mayor frecuencia.

La primera corresponde al primer año. Son más bien excepcionales las parejas cuya luna de miel dura más de un mes. La convivencia íntima pone al descubierto rasgos de carácter, modos de ser y reaccionar, que antes de la boda habían pasado inadvertidos. El proceso de acoplamiento es

---

3. Recomendamos al respecto la obra de Paul Tournier, *La armonía conyugal*, «La Aurora».

más bien un continuo enfrentamiento, lo que, lógicamente, a menos que predomine la sensatez, hace peligrar la buena armonía.

Superada la primera fase crítica, suele aparecer una segunda entre los cuatro y los ocho años después de casados. Los hijos —el caso más normal— acaparan la atención, el tiempo y el cariño de la madre, de tal modo que paulatinamente el esposo se ve privado de la parte que le corresponde. Por otro lado, es la época en que el hombre suele hallarse absorbido por sus afanes profesionales, lo cual le lleva a recortar más y más el tiempo que debiera dedicar a su familia.

A menudo hay en esta doble experiencia una relación de causa a efecto. Si tales hechos no se descubren y corrigen a tiempo, cada uno de los cónyuges irá encerrándose cada vez más en su mundo particular y distanciándose del otro. Al final, ambos acabarán en la más completa soledad. Los riesgos de esta situación saltan a la vista del menos inteligente.

El tercer período crítico es el climatérico, tanto en el hombre como en la mujer. A los cambios físicos que se inician alrededor de los cuarenta y cinco años (esta edad es más bien convencional y puede variar considerablemente) se unen otros de carácter psíquico. A esta altura de la vida, cuando ya se vislumbra el inicio del declive, se han recibido muchos golpes, han surgido muchos problemas —no siempre resueltos—, se han marchitado muchas ilusiones, no todas las reflexiones han tenido efectos positivos, suelen hacerse más hondas y frecuentes las depresiones.

Todas estas circunstancias pueden poner a prueba una vez más la estabilidad del matrimonio. Muchas parejas que sortearon con mayor o menor fortuna los escollos de las fases críticas anteriores, han estado a punto de naufragar —o han naufragado— en esta época de la vida. La crisis del climaterio tiene muchos puntos de semejanza con la de la adolescencia. Destacan sobre todo la inestabilidad emocional en un momento en que precisamente los sentimientos se hacen más intensos. Y si los esposos no se asen fuertemente para atravesar este período más unidos que nunca, se exponen a experiencisa tan amargas como destructivas.

Debe abstenerse rigurosamente de la parcialidad

Llegado el momento en que el pastor ha de intervenir, generalmente convendrá que —por lo menos al principio— tenga entrevistas con cada uno de los cónyuges por separado. Por supuesto, cada uno expondrá los hechos a su manera, haciendo recaer sobre el otro la totalidad o la mayor parte de la culpa, y se esforzará por ganarse la simpatía del pastor y, a ser posible, lograr que se ponga de su lado.

Esto último precisamente es lo que un buen consejero jamás debe hacer. No sólo tiene que oír a las dos partes antes de formular un juicio, sino que en todo momento ha de simpatizar con ambas y ha de hacer cuanto esté a su alcance por que ambas reciban el apoyo que necesitan. No significa esto que puede dar la razón a los dos en todo o que deba aprobar lo reprobable. Pero, aun dentro de la más estricta justicia, su papel no es el de juez, sino el de mediador; su misión no es la de condenar a uno y absolver al otro, sino la de coadyuvar al bien de ambos. Además, sucede que nunca se da el caso en que una de las partes es totalmente inocente mientras que la otra es totalmente culpable. Cada una debe ser guiada a descubrir su parte de responsabilidad en el conflicto, a pensar en sus deberes más que en sus derechos, a confesar sus faltas y disponerse a recorrer humildemente el camino de la reconciliación.

Cuando los contactos individuales con cada uno de los cónyuges avanzan por buen camino y se ve en ambos reconocimiento de culpa propia y buena disposición para la reconciliación, puede haber llegado el momento de que el pastor inicie conversaciones con los dos juntos. Su tarea de consejero no puede darse por terminada mientras no se llegue al momento en que los cónyuges oran —y quizá lloren— juntos sellando así la renovación de su amor.

En el diálogo, enfatícense los puntos de la enseñanza bíblica que más convengan a cada caso

En general, ha de admitirse lo devastador del pecado en las relaciones humanas, incluidas las conyugales, y la incapacidad moral del ser humano, aunque sea creyente, para reparar por sí mismo un matrimonio cuarteado. Pero, sobre ese fondo negativo, debe proyectarse la luz de las promesas de Dios a favor de quienes se someten a la acción de su Espíritu Santo. El fruto del Espíritu es «amor (el amor maravilloso descrito en I Cor. 13), gozo, paz, paciencia, benignidad, bondad, fidelidad, mansedumbre, dominio propio» (Gál. 5:22, 23). Contra tales virtudes, no hay obra de la carne que prevalezca. De ellas brotan la comprensión, el perdón generoso aun para los pecados u ofensas más graves, la capacidad para reemprender el camino de la esperanza. El Dios que hace nuevas todas las cosas puede hacer surgir —lo ha hecho muchas veces— de entre las ruinas de un matrimonio deshecho el edificio de un matrimonio nuevo con posibilidades insospechadas de mutua satisfacción.

No debiera, sin embargo, fomentarse la esperanza de que el «nuevo» matrimonio va a ser la encarnación de una felicidad completa, exenta para siempre de nuevos roces. La obra de Dios en nuestra santificación resulta incompleta en cualquier esfera mientras estamos en el mundo. No entra en el propósito divino librarnos totalmente de nuestros defectos y limitaciones en tanto no llega el día de Cristo. No es lógico, por tanto, esperar más en lo que concierne a la santificación y transformación del matrimonio. Después de la reparación, pueden subsistir algunas de las causas de problemas ya reseñadas (factores temperamentales, ausencia de afinidades básicas, etc.); pero habrá una nueva comprensión de las dificultades y, sobre todo, una nueva actitud que, si no las elimina de modo total, hará posible su superación. Cabe, incluso, la posibilidad de retrocesos temporales. El progreso raras veces es rectilíneo; más bien suele ser zigzagueante, pero no deja de ser progreso.

Quizá la pareja nunca alcanzará el ciento por ciento en la realización del ideal perfecto del matrimonio, pero si consigue un ochenta, un sesenta o un cincuenta, después de haber estado a veinte, a diez o a cero, lo ganado no será en modo alguno despreciable. Lo conseguido consolidará la unión matrimonial y facilitará el avance de marido y mujer hacia el plano espiritual en que todas las situaciones temporales se contemplan y se viven a la luz de la eternidad (I Cor. 7:29-31).

CUESTIONARIO

1. ¿Cuándo debe el pastor intervenir en problemas conyugales?
2. ¿Qué hechos o circunstancias influyen más a menudo en el deterioro del matrimonio?
3. ¿Cuáles son los factores determinantes de un matrimonio estable y armonioso a la luz del Evangelio?
4. Comente la importancia de la comunicación para el buen desarrollo de las relaciones conyugales.
5. ¿Cuáles suelen ser las épocas más críticas del matrimonio?

Capítulo XXIII

LA PROBLEMATICA DE LA JUVENTUD

Objeto especial de la atención pastoral debe ser la juventud. Los jóvenes son básica y potencialmente la futura iglesia. Algunos de ellos ya pertenecen como miembros a una congregación y constituyen en ella un elemento valioso; son, pues, una promesa y una realidad.

Pero al mismo tiempo suelen plantear problemas importantes. De aquí que dediquemos a éstos un capítulo especial. Ignorarlos podría tener consecuencias fatales. Este ha sido el error de muchos adultos, incluidos muchos padres, quienes han llegado al más completo divorcio en relación con la juventud. Incapaces de comprenderla, se dedican a criticarla. Sin deseos de esforzarse en ayudarla, la rechazan. El problema generacional no sólo perturba la paz de muchas familias, sino también la de no pocas iglesias.

Características de la juventud

Usamos el término «juventud» en un sentido amplio, incluyendo y dando lugar preferente a la adolescencia.

Su rasgo más notable es el desarrollo en todos los órdenes: físico, mental y social. Sin embargo, este desarrollo va siempre acompañado de desequilibrios más o menos pronunciados, de reacciones contradictorias y desconcertantes.

Es uno de los períodos más difíciles de la vida. El adolescente se ve envuelto en un torbellino violento. Nada más contraproducente que el intento por parte de padres o educadores de minimizar la crisis o de intentar «salvar» al joven mediante la imposición de una disciplina inadecuada y unas presiones que en él se traducen en represiones perjudiciales.

Muchos «buenos chicos», piadosos incluso, durante el período de la pubertad responden muy satisfactoriamente a lo que los padres, la iglesia y la sociedad en general desea de ellos. Cuando esto es resultado de una formación sólida bien recibida durante la infancia y desarrollada en la adolescencia, tal comportamiento puede considerarse sano y normal. Cuando es consecuencia únicamente del temor al rechazamiento, se produce un sometimiento externo a las normas imperantes en el medio ambiente que rodea al joven, pero simultáneamente surge en su interior un sentimiento de hostilidad. En cualquier momento puede sobrevenir la ruptura del joven con el mundo en que ha vivido para adentrarse en un mundo nuevo que se le antoja más auténtico y prometedor. No es, por consiguiente, una acción autoritaria lo que el joven necesita, sino comprensión y amor. Esto le ayudará, mucho más que todas las imposiciones, a sortear los escollos que se le presentan en esta parte del periplo de su vida.

Para llevar a cabo un trabajo pastoral positivo es imprescindible un conocimiento mínimo del adolescente. Consideremos sus características más destacadas:

Afán de autoafirmación

Siente un fuerte impulso a desasirse de los lazos que durante la infancia lo han mantenido dependiente de otros, especialmente de los padres. El niño ha descubierto el mundo exterior; el adolescente descubre ahora su mundo interior; se descubre a sí mismo con los filones misteriosos, pero fascinantes, de su personalidad.

Como consecuencia, el joven empieza a pensar por sí mismo. Ya no acepta ciegamente lo que se le ha enseñado.

Se vuelve radical en el sentido etimológico de la palabra, es decir, trata de llegar a la raíz de todas las cuestiones. Busca y espera respuesta a todas sus preguntas; no entiende que pueda haber límites al conocimiento racional de cuanto se refiere al universo, al hombre, a su existencia, a Dios, a la eternidad.

En su proceso de autodescubrimiento y autoafirmación, el joven observa con mirada crítica a quienes le rodean, particularmente a sus padres, maestros y superiores. Descubre sus defectos, sus inconsistencias, a menudo su hipocresía. Este descubrimiento le hace sentirse superior; él es, por lo menos, más sincero.

En algunos casos, el joven choca abiertamente con sus mayores, se rebela. No puede admitir ni sus ideas ni sus normas de conducta. La actitud contestataria de la juventud no es característica exclusiva de nuestro tiempo. Ha existido siempre, aunque en nuestros días se manifiesta más libremente.

Por supuesto, gran parte de este radicalismo se desvanece al final del tránsito, cuando el joven ha alcanzado ya cierta madurez, a veces para caer en un conservadurismo más acentuado que el de la generación anterior. Testimonio elocuente de este fenómeno nos lo ofrecen los nuevos burgueses de los Estados Unidos de América, quienes en sus años mozos se habían propuesto no dejar títere con cabeza en la sociedad en la que habían vivido y crecido (1).

Inseguridad

Paradójicamente, el adolescente, que tanto se esfuerza por afirmar su personalidad, se siente inseguro. Ante él se abre un mundo apasionante, pero complicado, erizado de problemas que desafían su capacidad. Por ello, con las ansias de

---

1. Véase *Los caminos de la juventud hoy*, por Francis Schaeffer, Edic. Ev. Europeas, pp. 19-21.

autodeterminación propias de la pubertad, se mezcla el temor a las equivocaciones.

Por otro lado, al espíritu crítico se une el anhelo intenso de ser aceptado. Simultáneamente se rechaza el mundo de los adultos y se busca un lugar entre ellos. Consciente o inconscientemente se aspira a ser reconocido y admitido por ellos.

Cuando el joven encuentra buenos guías adultos que le tienden una mano amiga, su incorporación a la sociedad adulta se efectúa paulatinamente sin traumas. Si, por el contrario, tropieza con actitudes de menosprecio que hieren su amor propio, tratará de compensar su inseguridad con la compañía de amigos de su edad. Se entregará con entusiasmo al «grupo» y las características de éste determinarán en gran parte su comportamiento. Seguirá una línea de conducta recta si el grupo está animado por ideales nobles. Se extraviará si en el grupo prevalecen tendencias aviesas. La influencia de buenos amigos ha sido tan benéfica en la vida de muchos jóvenes como nociva la de amigos tarados. La adolescencia es la edad más propicia para los grandes comienzos, tanto en el campo del bien como en el del mal. En este período se han iniciado grandes experiencias religiosas, pero también carreras de perdición. El adolescente es el más expuesto a los peligros del alcohol, de las drogas, de las aventuras sexuales, de la delincuencia.

Gran sensibilidad

Todo produce en el joven gran impresión: un viaje, un encuentro importante, la lectura de un libro, una proeza, una desgracia. Con la misma sensibilidad detecta y se deja impresionar por lo justo, lo bello y lo noble que por lo injusto, lo repulsivo y lo ruin que el mundo puede ofrecer a sus ojos.

Por regla general, a menos que se haya producido una corrupción temprana, el adolescente reacciona positivamente ante la verdad, la rectitud, el amor, y negativamente ante cualquier forma de injusticia o vileza. Su espíritu es campo abonado para la semilla de ideales nobles (2).

Esta característica facilita la experiencia religiosa de la conversión y la plena dedicación al servicio de Cristo. Cuando tal experiencia se produce, suele tener una intensidad superior a la que tendría si se produjera años más tarde.

También, por lo general, son más intensos los problemas morales. Le preocupan especialmente los conflictos de conciencia originados por las pulsiones sexuales. La masturbación, por ejemplo, le tortura terriblemente. El perjuicio espiritual que la falta de orientación puede acarrear al joven debe impulsar al pastor a proporcionar la oportuna ayuda.

Idealismo entusiasta

Al joven, normalmente, no le interesan demasiado las cosas en sí. A diferencia de la mayoría de adultos, no se siente cautivado por el dinero, la comodidad o las posiciones estables, a menos que sucumba a la artificialidad creada por la sociedad de consumo. En cambio, le atraen fuertemente los grandes ideales, que pueden ser culturales, deportivos, artísticos, políticos o religiosos.

Cuando el joven, movido por su idealismo, abraza una causa, se dedica a ella con todo su ser, sin regatear energías ni tiempo. Muchos líderes políticos se han percatado de este valor de la juventud y hacen todo lo posible por ganársela. En ella encuentran más que una esperanza para el futuro; hallan inmediatamente elementos de acción de primera calidad que usan —a menudo sin demasiados escrúpulos— para la realización de sus fines.

Si el joven es ganado por Cristo, en El descubrirá los ideales más completos y sublimes y fácilmente consagrará a

---

2. Con esto no queremos dar a entender que el joven no tenga las propensiones pecaminosas inherentes a todo ser humano, sino simplemente que se encuentra en condiciones más propicias para optar por el bien.

ellos su vitalidad juvenil. Responsabilidad de los cristianos adultos es no malograr esa dedicación con ejemplos poco edificantes, con un talante de cristianismo apoltronado e inoperante. La iglesia, en su conjunto, debe poseer una espiritualidad sana, pletórica de vida, en la que los jóvenes puedan encontrar campo adecuado para la realización de sus ideales cristianos. Esto les librará de la tentación de buscar lo que anhelan en otros medios ajenos a la iglesia, más espirituales aparentemente, pero más expuestos a la superficialidad, al sensacionalismo y, a la larga, a la frustración.

En cuanto al idealismo y al entusiasmo de la juventud debemos añadir una observación. Esas características no siempre se mantienen de modo estable y constante. No se olvide lo dicho anteriormente sobre los desequilibrios y la inseguridad del adolescente, lo que influye en la intensidad de sus emociones y lo fluctuante de su actuación. A pesar de ello, sus posibilidades son inestimables. Vale la pena confiar en él. Lo más probable es que vaya superando sus baches y afianzándose en sus loables aspiraciones.

Dificultades propias de la juventud

Las características que acabamos de mencionar presentan al joven una serie de obstáculos no fáciles de superar:

El problema de la comunicación

Esta dificultad, como vimos en el capítulo anterior, no es exclusiva de los jóvenes; muchos adultos se enfrentan igualmente con ella. Pero en el caso del joven suele resultar más dolorosa e implica mayores riesgos. Durante los años de la infancia no han existido apenas barreras en la relación con los padres; mas ahora, de pronto, el adolescente se siente solo. Los padres, por incompetencia o por negligencia, no le comprenden; por consiguiente, no pueden ayudarle a resolver sus dificultades. Interiormente vive distanciado de ellos. Pero la soledad se le hace irresistible y busca otras personas con quienes pueda comunicarse. Generalmente las encuentra —como señalamos más arriba— en amigos de su edad. No insistimos en los riesgos que esto comporta cuando el círculo de sus amistades es poco edificante. Pero sí es importante reiterar la magnífica oportunidad que la necesidad de comunicación en el joven presenta a padres y pastores para ayudarle haciéndose sus amigos, dignos de las más íntimas confidencias.

La orientación de la vida

El joven vive mirando ávidamente al futuro: al final de sus estudios, a su situación profesional, a su matrimonio, etc. Se da cuenta de la trascendencia de las decisiones que habrá de tomar, para las cuales no acaba de sentirse autosuficiente. De las resoluciones que tome depende en gran parte todo el curso posterior de su vida. Esto, lógicamente, le preocupa, por lo cual agradecerá cualquier observación o consejo sabio que le guíe.

Los conflictos sexuales

Este es uno de los problemas más intensos, y también uno de los más complejos, por cuanto afecta a la totalidad de la personalidad. El desarrollo sexual no es un fenómeno meramente fisiológico; afecta profundamente a la psique del adolescente en un largo proceso de maduración.

Las dificultades han aumentado en nuestra época, cuando se multiplican los factores de excitación erótica. La publicidad en revistas y televisión, las modas y costumbres, la relajación moral, consecuencia de conceptos éticos disolventes, todo allana el camino a la pornografía y al libertinaje sexual. El joven, sobre todo en las grandes ciudades, es objeto de un bombardeo casi constante que tiende a destruir toda resistencia moral y provocar una rendición ante el eros más vulgar.

La amplitud de esta cuestión nos impide tratarla aquí con detalle; pero todo pastor debe poseer un mínimo de información sobre esta problemática y orientar adecuadamente a los jóvenes de su congregación. Afortunadamente, hoy existen libros muy recomendables a tal fin. Incluímos algunos títulos en la parte bibliográfica correspondiente a este capítulo y al anterior.

Las relaciones familiares

Indirectamente, hemos aludido ya a ellas. La ignorancia de los padres respecto a los problemas de la adolescencia, un excesivo paternalismo, un concepto erróneo de la autoridad y una conducta inconsecuente, alejan irremediablemente a muchos hijos en el período de su pubertad.

Pero este alejamiento produce una fuerte tensión en el muchacho (o muchacha). No ha dejado de amar a sus padres. No quiere perderles el respeto. El distanciamiento le duele en lo más hondo, pero no puede evitarlo. De la lucha entre el amor y la incompatibilidad surgen muchas de las depresiones que el joven experimenta.

Problemas espirituales

Son prácticamente los mismos que expusimos en el capítulo XIX y que resumimos brevemente

a) Problemas de tipo intelectual. Confrontación de la fe con razonamientos propios o con ideas y conceptos hallados en lecturas y conversaciones con otras personas.

b) De tipo moral. Necesidad de interpretar y aplicar las enseñanzas bíblicas de modo práctico en las diferentes situaciones de la vida.

c) De tipo experimental. Cómo vivir auténticamente lo que se sabe teóricamente.

d) De tipo social. Cómo reaccionar ante la influencia del medio ambiente en que el joven vive (colegio, universidad, oficina, taller, etc.). Se necesita gran sabiduría para discernir entre la verdad y el error, entre el bien y el mal, y mucha valentía para navegar contra la corriente. Por eso el joven, a menudo, vacila.

No hay que olvidar que esta problemática espiritual es especialmente aguda cuando se trata de jóvenes que crecieron en un hogar cristiano. Lo más frecuente es que durante su infancia hayan aceptado sin dificultad toda la enseñanza religiosa recibida en casa y en la iglesia. Pero el espíritu crítico de la adolescencia no perdona a la «segunda generación». El joven tiene que revisar a fondo su fe, sus fundamentos y motivos, al igual que sus derivaciones prácticas. La fe infantil debe evolucionar hasta llegar a ser una fe madura. En este proceso pueden sobrevenir momentos de crisis que a quien los vive parecen alarmantes, pues lo empujan al borde de la incredulidad. En muchos casos, sin embargo, puede tratarse simplemente —aunque dolorosamente— de una crisis vivificante. Son muy luminosas las palabras de Leon Tolstoi dirigidas a un joven: «Cuando te venga la idea de que es falso todo lo que (en la infancia) habías creído acerca de Dios, y pienses que no hay Dios, no te asustes por eso. A todos les pasa lo mismo. Pero no pienses que tu incredulidad proviene de que no hay Dios. Si no crees ya en el Dios en el que habías creído antes, esto se debe a que en tu fe había algo que no estaba en regla, y debes esforzarte por comprender mejor eso a que llamas Dios. Cuando un salvaje deja de creer en su dios de madera, no quiere decir que no haya Dios, sino que no es de madera» (3).

Cómo tratar a los jóvenes

Sobre la base del conocimiento de las características y problemas de los jóvenes, quien trabaja entre ellos debiera tener en cuenta algunas recomendaciones De su puesta en práctica dependen las posibilidades de éxito en el intento de ayudarles.

---
3. Michael Pfliegler, *op. cit.*, p. 245.

Deben reconocerse los valores positivos de la juventud

Es puro prejuicio ver en los jóvenes únicamente aspectos negativos sin descubrir el enorme potencial que en todos los órdenes encierran. Una actitud excesivamente crítica por parte de los adultos generalmente revela, más que los defectos de los jóvenes, las propias limitaciones de los mayores.

La comprensión y la simpatía tienen valor decisivo

Las actitudes juveniles resultan frecuentemente irritantes para los mayores. No pocas veces rayan en la insolencia o caen de lleno en ella. Pero estas actitudes suelen ser resultado de los conflictos interiores que atormentan al joven. El consejero avisado se esforzará por encajar las provocaciones. Calará hondo por debajo de las actitudes superficiales, se esforzará por comprender cuanto preocupa a esa alma y procurará mantener un diálogo constructivo.

Huelga decir que deben desterrarse totalmente los reproches sarcásticos, las ironías o las actitudes de superioridad. Nada hay que aleje más a un joven de las personas mayores como el hecho de que se resalte su inexperiencia en contraste con la presupuesta madurez de un adulto. La mejor manera de cortar toda vía de comunicación efectiva con un adolescente es decirle: «¡Eres todavía un chiquillo!» o lindezas por el estilo.

Los razonamientos deben prevalecer sobre las imposiciones

Hay líderes de iglesias que, al igual que muchos padres, pugnan por imponer sus criterios, normas y costumbres a los jóvenes sin darles razones válidas para que los acepten. Con alguna frecuencia, las posturas tradicionales carecen de base sólida, incluso de apoyo bíblico; pero se defienden celosamente. Se pretende obligar a los jóvenes a que las den por buenas y se sometan a una pretendida autoridad incuestionable. Este modo de actuar sólo puede producir dos resultados: o el alejamiento del joven o la asfixia de unas inquietudes que pueden tener no poco de sano y renovador. En este último caso, la sumisión del joven no es un triunfo, sino un fracaso empobrecedor.

Este problema puede ser especialmente delicado en las iglesias cuyos dirigentes se distinguen por una mente estrecha, por su formación deficiente, su afincamiento en posiciones estáticas y su incapacidad para revisar constantemente, a la luz de la Palabra de Dios, sus conceptos y actitudes respecto a las situaciones complejas que se suceden aceleradamente en el mundo de nuestros días. Los líderes con responsabilidad pastoral que rehúyen las cuestiones planteadas al joven por su desarrollo cultural y anatematizan toda duda intelectual cual si se tratara de un engendro diabólico, están anulándose a sí mismos en su capacidad de guías de la juventud.

Por otro lado, se observa que los jóvenes tienen oídos abiertos y predisposición favorable para la persona que, respetando su personalidad y sus ideas —aunque sean equivocadas—, dialoga con ellos serenamente y con razones serias.

El joven ha de ser guiado a las grandes decisiones espirituales

Está en la edad más adecuada para una conversión fecunda, para rendirse plenamente a Cristo y para establecer un orden cristiano de prioridades que rija su vida.

Al tratar este punto, hemos de subrayar el peligro de «forzar» decisiones. Todo apresuramiento, coacción o impulso no guiado por el Espíritu puede tener efectos deplorables. Por el contrario, una presentación seria, amplia, de las grandes verdades del Evangelio puede causar un impacto realmente decisivo. El enfoque cristiano de la problemática humana y sus soluciones suelen cautivar al joven. Y aún más cautivado se siente por la persona misma de Cristo y por el ideal magnífico de un auténtico discipulado.

Los jóvenes deben ser usados

Por supuesto, en la medida de sus posibilidades. Hay responsabilidades que pueden aceptar. A poco estímulo que reciban, cumplirán las tareas que se les encomienden con una dedicación que en muchos casos superará a la de personas mayores.

Téngase en cuenta, no obstante, que usar a un joven no equivale a manipularlo. La manipulación, como vimos en el capítulo XVIII, siempre es impropia del ministro cristiano, pues si en todos los casos significa un abuso, éste resulta mucho más reprobable cuando es un joven —generalmente más propenso a la confianza, a la sinceridad y a la nobleza de miras— el objeto de la manipulación. Evitado este peligro, el joven guiado a ocuparse en determinadas actividades en el marco de la iglesia, estará en condiciones de resolver más fácilmente muchos de sus problemas y efectuar más felizmente su difícil tránsito a la madurez.

La acción que se desprende de las anteriores recomendaciones debe ser iluminada en todo momento por una finalidad: que el joven alcance el plano de una fe viva en Dios y de obediencia a su voz (Sal. 119:9, 105; 37:6; Prov. 3:5, 6).

CUESTIONARIO

1. *¿Qué efectos suele tener en el comportamiento del joven su afán de autoafirmación?*
2. *¿Qué repercusiones espirituales tiene su gran sensibilidad?*
3. *¿Cuáles son los problemas con que suele enfrentarse el joven nacido y criado en un hogar cristiano?*
4. *¿Qué responsabilidad tiene la iglesia respecto al joven?*
5. *¿Cuáles son los principales errores cometidos por los mayores en su trato con los adolescentes?*
6. *¿Qué debe encontrar el joven en un pastor?*

Capítulo XXIV

PROBLEMAS EN RELACION CON LA IGLESIA

Otro motivo frecuente de preocupación pastoral —el último que vamos a considerar— es la serie de dificultades que a menudo surgen en la relación del creyente con la iglesia local a la cual pertenece. Las experiencias en este terreno suelen tener mucho de enojoso y deprimente. Revelan la gran dosis de carnalidad que subsiste en muchos miembros de iglesia y pone a prueba la paciencia del ministro. Escogemos las tres más comunes. A la exposición de cada una uniremos un análisis de las causas y su tratamiento.

Apatía

Se manifiesta en la resistencia a aceptar responsabilidades, en la superficialidad de la comunión fraternal y en lo irregular de la asistencia a los cultos. En los casos extremos, la desvinculación con la iglesia llega a ser prácticamente total.

En el fondo, existe un enfriamiento espiritual, por más que la persona que se halla en tal situación insista en que sus relaciones con Dios son normales y que el problema sólo afecta a su relación con la iglesia. Si nos atuviéramos a datos estadísticos, observaríamos que son excepciones rarísimas los creyentes que, al margen de la comunión con sus hermanos, mantienen una vida espiritual intensa. Y en estos casos excepcionales se produce una inconsecuencia, un autoengaño, pues nadie puede tener verdadera comunión con Dios si no la tiene con quienes, como él, son hijos del mismo Padre (I Jn. 2:9-11; 3:11-18; 4:7-11, 20, 21; 5:1, 2).

Causas

a) *Problemas de fe.* Para no incurrir en repeticiones, remitimos al lector al capítulo XIX.

b) *Negligencia en el cultivo de la piedad personal.* El descuido de la lectura de la Biblia y la oración, de la adoración (individual y comunitaria), del servicio cristiano según los dones recibidos del Señor, de la comunión de los santos o de cualquier otro medio de crecimiento espiritual, conduce indefectiblemente al enfriamiento, a la pérdida del primer amor, a la indiferencia, zonas muy próximas a la frontera de la apostasía.

c) *Influencia del mundo.* Una excesiva preocupación por las cosas temporales impide fructificar espiritualmente, como nos enseña la parábola del sembrador (Mt. 13:22). El amor al mundo y el amor al Padre son incompatibles (I Jn. 2:15).

La participación en —o mera adhesión mental a— los errores, idolatrías, inmoralidades y vanagloria del mundo tienen semejantes efectos perniciosos. Recuérdense los cargos formulados por el Señor contra las iglesias de Pérgamo, Tiatira, Sardis y Laodicea (Apoc. 2 y 3).

El triste ejemplo de Demas (II Tim. 4:10) debiera ser un semáforo en rojo que cerrara al cristiano su avance hacia la deslealtad. Pero, desgraciadamente, el ex-colaborador de Pablo ha tenido siempre imitadores.

d) *Excesiva atención a las faltas ajenas.* No pocos miembros de nuestras congregaciones se escandalizan a la menor falta que descubren en otros creyentes. Desean —casi exigen— una perfección de la que ellos mismos están muy lejos. En algunos casos, la conducta de determinados hermanos no tiene, ciertamente, nada de edificante; es una piedra de tropiezo. Cristo mismo lo previó y subrayó solemnemente las implicaciones de un comportamiento escandaloso (Mt. 18:6-9). Otras veces la reacción de disgusto se debe más a un exceso de sensibilidad o a una proyección de los propios defectos por parte de la persona afectada que a las faltas en sí de los demás. En cualquier caso, el tropiezo se debe a desplazamiento del apoyo de la fe. Se mira a los hombres más que a Jesús. Se confunde al Redentor perfecto con los redimidos imperfectos.

e) *Decepciones en el trato recibido.* No faltan los miembros que esperan siempre ser colmados de atenciones. Todo el mundo debe saludarlos e interesarse por ellos. Consideran que la iglesia debe reconocer su valía, aunque a menudo ésta es muy escasa, y llamarlos a ocupar puestos de responsabilidad. Pero sucede a veces que sus esperanzas y anhelos dejan de cumplirse, unas veces por omisión involuntaria de los demás; otras, porque su actuación resulta poco atrayente o porque sus dones no están a la altura de lo que apetecen. Entonces sobreviene el despecho carnal, el enfado, el volverse indiferentemente de espaldas a la iglesia. Se ha perdido de vista que el ensalzamiento, en último término, viene de Dios (I Ped. 5:6).

f) *Problemas íntimos no resueltos.* Pueden ser personales o familiares; de índole psíquica, moral o social. Si revisten importancia, minan el vigor espiritual, crean sentimientos de culpa y conducen al retraimiento en toda forma de actividad e incluso, a veces, en la asistencia a los cultos. La convivencia y la colaboración con los demás creyentes produce una sensación de hipocresía, de que se está representando un papel para el que uno carece del mínimo de dignidad, y se opta por el aislamiento, con todos sus peligros inherentes de defección total.

Tratamiento

Vendrá determinado en cada caso por las causas del problema. Cada situación exigirá un enfoque distinto del asesoramiento espiritual. Pero en términos generales puede destacarse la conveniencia de mostrar al creyente apático su gran responsabilidad delante de Dios. La carta de los Hebreos abunda en material apropiado para la exhortación en tales casos. Sus admoniciones (Heb. 2:1-4; 4:1-13; 6:4-12; 10:23-39; 12:1-29) son probablemente las más solemnes de toda la Biblia.

Convendrá, asimismo, descubrir el egocentrismo que casi siempre se oculta en las actitudes de desapego respecto a la iglesia. Con excepción de la primera y la última de las causas mencionadas en el punto anterior (problemas íntimos de fe o debidos a conflictos interiores), todas las demás muestran la influencia nefasta que la soberanía de un yo carnal ejerce sobre el comportamiento. El creyente debe reconocer su pecado, confesarlo y apartarse de él y renovar su lealtad a Aquel con quien dice haber muerto y resucitado. La identificación del cristiano con su Salvador no debe limitarse a un mero postulado teológico; ha de manifestarse en la práctica. Quien de veras se apropia las palabras de Gálatas 2:20, a semejanza de Cristo, ha de amar a su iglesia y se ha de entregar por ella, a pesar de todos sus defectos (Ef. 5:25).

Cuando las dificultades se deben a problemas íntimos —a los que ya nos hemos referido— convendrá, lógicamente, buscarles una solución. Una vez lograda, todo lo demás se resolverá sin demasiado esfuerzo.

El uso atinado de la Escritura es, como en todos los casos de orientación pastoral, de la máxima importancia. El pastor seleccionará los textos más adecuados con el convencimiento de que la eficacia de la Palabra de Dios (Heb. 4:12, 13) excede a la de cualquier razonamiento humano.

Discordias entre los miembros

Abundan más de lo que sería de esperar entre cristianos. Suelen tener su origen en lo que se considera una ofensa, contra la que generalmente se reacciona con el distanciamiento o con una abierta animosidad. Si estos problemas de relación proliferan entre los miembros de una iglesia, ésta se verá en graves dificultades para cumplir la misión que el Señor le ha encomendado. Crecen las tensiones en su seno y se crea una atmósfera enervante que amenaza paralizar incluso a los espíritus más animosos.

Puede darse esta situación aun entre cristianos activos y fieles en muchos aspectos. Las disensiones entre Evodia y Sintique en la iglesia de Filipos (Fil. 4:2) son una triste ilustración de este hecho.

Causas

Resultan prácticamente innumerables, por lo que una vez más nos referimos a los factores más comunes.

a) *Falta de madurez cristiana.* La carnalidad a la que alude Pablo en su primera carta a los Corintios se identifica con el infantilismo espiritual (I Cor. 3:1) y no sólo fue causa de la escisión de la iglesia en facciones, sino que dio pábulo a los litigios más vergonzosos (I Cor. 6:1-8).

En el fondo puede haber —y a menudo hay— graves defectos de educación a nivel humano, amplias zonas del carácter no santificadas o simplemente una falta de desarrollo de la personalidad, lo que una y otra vez da lugar a reacciones primarias. Multitud de personas adultas se comportan toda su vida como niños mayores.

Estos hechos pueden explicar una conducta carnal, pero no la justifican. El Evangelio no está destinado únicamente a transformar nuestras perspectivas eternas. Ha de cambiar nuestra vida en la tierra. Es precisamente en un contexto de pleitos y disensiones existentes en la iglesia de Corinto donde hallamos la gran declaración de Pablo: «Esto erais algunos; mas ya habéis sido lavados, ya habéis sido santificados, ya habéis sido justificados en el nombre del Señor Jesús y por el Espíritu de nuestro Dios» (I Cor. 6:11).

b) *Amistades mal cimentadas.* No siempre la amistad entre cristianos es una amistad cristiana, basada en los principios y exigencias de la comunión espiritual. Es más bien el resultado de afinidades humanas, sin ningún ingrediente piadoso. Por eso, cuando por un motivo u otro se producen fricciones, falta el aglutinante por excelencia: el amor cristiano que cubre faltas y restaña heridas. Consecuencia final es que la amistad se trueca en enemistad.

c) *Falta de delicadeza.* Con demasiada frecuencia se confunde la fraternidad cristiana con una familiaridad de mal gusto, chabacana, irrespetuosa. Ello produce un distanciamiento entre personas sensibles y aquellas que no lo son. Es una lástima que no siempre la fe se manifiesta a través de un amor decoroso y benigno (I Cor. 13:4, 4).

d) *Falta de lealtad.* La murmuración, la divulgación de intimidades, la ingratitud, el trato desconsiderado u ofensivo y otras acciones semejantes crean resentimientos muy difíciles de eliminar.

e) *Roces temperamentales.* Así como hay personas que, por su idiosincrasia, crean a su alrededor una atmósfera de concordia, las hay que son causa de malestar y disensión.

Conviene en tales casos tomar en consideración los factores ajenos a la voluntad de la persona «difícil» que influyen en su conducta. Pero la comprensión no elimina todos los problemas de relación por parte de tal persona con sus hermanos y el mal que de ellos se deriva turba igualmente la paz de la iglesia.

f) *Cuestiones económicas o laborales.* Con relativa frecuencia se da el caso de conflicto fraternal por motivos pecuniarios. Un préstamo recibido del hermano en un momento de apuro y no devuelto en el tiempo previsto sin causa justificada; un desacuerdo serio en la gestión de una empresa en común; un abuso en transacciones comerciales entre hermanos en la fe; una actuación injusta por parte del patrono o del empleado, cuando ambos son miembros de la iglesia, han destruido muchas relaciones de comunión cristiana y han cargado la atmósfera de disensión en la iglesia. Recuérdese una vez más I Corintios 6:1-8.

En todos los casos, sean cuales sean las causas, la dificultad se agrava cuando hay una excesiva dosis de amor propio, pues éste impide el reconocimiento y la confesión de errores o faltas. Cuando se pretende vencer más que cumplir la voluntad de Dios, hay pocas posibilidades de que cualquier problema de disensión se resuelva.

Cómo actuar

Surgida la disensión, una de las cuestiones a decidir es quién debe dar el primer paso para la reconciliación. Según el Nuevo Testamento, cualquiera de las dos partes —ofensora u ofendida— tiene el deber moral de aproximarse a la otra con objeto de restablecer la buena relación entre ambas (Mt. 5:23, 24; 18:15-17).

El segundo texto de Mateo (18:15-17) es valiosísimo por lo concreto de los pasos a dar (1). En primer lugar, debe procederse al diálogo en privado, no a airear la ofensa en presencia de terceras personas. Cuando este primer contacto se efectúa con espíritu cristiano, es suficiente en la mayoría de casos para resolver el problema. La humildad y el amor suelen triunfar aun en las situaciones más enconadas.

Si la primera iniciativa fracasa, debe repetirse en presencia de testigos. Esta norma está en consonancia con la prescripción veterotestamentaria de Deuteronomio 17:6 y 19:15.

Cuando el segundo paso resulta igualmente infructuoso, la cuestión debe ser planteada a la iglesia local, la cual decidirá en conformidad con las prerrogativas disciplinarias que le han sido otorgadas por el Señor mismo (v. 18). Trataremos este punto con más amplitud en el capítulo siguiente.

En el proceso de reparación de brechas en la comunión entre hermanos, deben los líderes de la iglesia guiar a los miembros en conflicto a actitudes positivas, consecuentes con

---

1. Las palabras «contra ti» *(eis se)* del vers. 15 no aparecen en algunos manuscritos, entre ellos el Sinaítico y el Vaticano; pero, sin duda, interpretan el sentido del pasaje. Comp. 18:21.

los grandes privilegios y responsabilidades de todo hijo de Dios. Nunca es más grande un creyente que cuando se humilla, reconoce sus propias faltas, se sitúa en lugar del ofensor para comprenderle y está dispuesto a perdonar movido por el amor de Cristo hacia nosotros, que tanto nos compromete. La petición del Padrenuestro en demanda de perdón y la parábola de los dos deudores (Mt. 18:23-35) obligan seriamente a todo cristiano.

Otros textos bíblicos orientadores al respecto, entre muchos más, son: Rom. 12:18, 19; I Cor. 13 (especialmente los vs. 4 y 5); Gál. 5:13-15; 6:1, 2; Ef. 4:26, 27, 31, 32; 5:1, 2; Fil. 2:1-5; Col. 3:12-14; I Ped. 5:5-7.

Bandos y grupos de oposición

Son tan antiguos como la propia iglesia cristiana. Recuérdese a los judaizantes en no pocas iglesias apostólicas y las facciones existentes en la de Corinto.

Conviene, no obstante, que frente a este problema el pastor ejercite toda su capacidad de discernimiento. Movimientos espirituales grandemente bendecidos y usados por Dios tuvieron su origen en núcleos de disidentes cuyo propósito era mantener la pureza doctrinal y moral de la iglesia en conformidad con el Evangelio. Los reformadores, y posteriormente los iniciadores de las iglesias libres, fueron considerados herejes perturbadores de la paz eclesial por los dignatarios religiosos de su tiempo. No debe perderse de vista que la Iglesia debe mantenerse *semper reformanda* y que todo ministro de Cristo ha de perseverar a la escucha de lo que, a través de la Palabra, «el Espíritu dice a las iglesias». Habrá posiblemente casos en que las voces de oposición merezcan ser atendidas, ya que cualquier actitud de intransigencia sería desafortunada. Pero otras veces —las más, probablemente— el pastor tendrá que arrostrar, prudente pero decididamente, la acción de banderías diversas que, sin provecho alguno, amenazan la armonía y prosperidad de la iglesia.

Etiología del problema

a) *Causas doctrinales.* La historia eclesiástica nos enseña que nunca han faltado falsos maestros. Se dio ese hecho ya en días de los apóstoles, quienes debieron contender enérgicamente contra judaizantes, racionalistas, ascetas, pregnósticos o simples palabreros promotores de disputas y contiendas (Hec. 15; carta a los Gálatas; I Cor. 15:12 y II Tim. 2:17, 18; cartas a los Colosenses y I de Juan, etc.). Posteriormente, herejías de toda laya han ido introduciéndose en las diversas ramas de la teología cristiana.

Dos factores han contribuido especialmente a este mal: *a)* La influencia de las corrientes filosóficas de cada época; *b)* El arrumbamiento o simple descuido de determinadas verdades bíblicas, lo que ha producido reacciones pendulares que han conducido a extremos antibíblicos. Tales factores deben ser tomados en consideración cuando se enjuicia una postura doctrinal errónea o exagerada, a la que sólo cabe oponer la posición equilibrada de quien ha asimilado adecuadamente «todo el consejo de Dios».

b) *Morales o de costumbres.* Puede surgir la oposición en una iglesia como resultado de determinadas normas éticas que se ponen en entredicho o de la diversidad en la interpretación de la libertad cristiana.

He aquí algunos ejemplos: postura ante la ética de situación, actitud ante el divorcio o ante la celebración de matrimonios mixtos, enfoque de las responsabilidades político-sociales del cristiano y de la Iglesia, lugar de la mujer en la vida de la congregación (uso del velo, posibilidad de orar o hablar en público), prescripciones relativas a indumentaria, diversiones, bebida, fumar, etc.

En estas cuestiones, no siempre es fácil distinguir lo bíblico de lo tradicional, lo normativo con carácter perenne y lo circunstancial, lo intangible y lo que debe cambiar en función de la evolución de costumbres o circunstancias en cada lugar. Pero lo cierto es que en numerosas iglesias se da lugar a serias tensiones y a la formación de grupos antagónicos.

c) *Cuestiones de gobierno eclesiástico.* Dado que nadie es infalible o perfecto, debe admitirse la posibilidad de que quienes dirigen la iglesia cometan errores o tengan deslices. En la iglesia de Jerusalén, algo funcionó mal en la diaconía en favor de las viudas (Hec. 6). La murmuración nunca es noble, pero en este caso espoleó a los apóstoles para resolver una situación que podía hacerse peligrosa. Una crítica constructiva puede ser el mejor remedio para corregir lo que deba ser corregido en la actuación de los guías.

Pero no siempre la acción crítica se limita a cauces nobles, positivos. A menudo se forman grupos de oposición sistemática contrarios a cuanto hacen —esté bien o mal— pastor, ancianos, diáconos o juntas de los diversos departamentos de la iglesia.

d) *Diferencias mentales.* Por estructura intelectual, por el tipo de educación recibida o por temperamento, en toda colectividad humana suele haber dos grupos: el de los progresistas y el de los integristas, el de los renovadores y el de los conservadores, el de los tolerantes y el de los intransigentes. Cuando estas diferencias conducen a la polarización de actitudes en una iglesia, ésta fácilmente se escinde.

e) *Problemas personales.* Pueden ser íntimos, individuales, con una proyección deplorable en la relación del miembro con la iglesia o sus dirigentes. Lo expuesto en el apartado f) sobre las causas de la apatía puede aplicarse igualmente en este caso. Algunos creyentes se han caracterizado por sus habituales intervenciones díscolas en reuniones administrativas de iglesia. G. Fingermann refiere el caso del miembro de un grupo juvenil que había pedido la palabra, pero, antes de que hablara, otro se le adelantó exclamando: «¡Pido la palabra en contra!», sin saber siquiera lo que el primero iba a decir (2). Examinado a fondo su comportamiento, casi siempre se ha descubierto que tales personas tenían serios problemas conyugales o laborales, que sufrían de resentimientos profundos o que eran víctimas de alguna gran frustración.

---

2. *Conducción de grupos y de masas,* Edit. El Ateneo, p. 124.

A veces se juntan varios miembros con problemas de ese tipo y, sin darse apenas cuenta de ello, constituyen un grupo de oposición.

Acción pastoral

Cuando se trata de cuestiones doctrinales, morales o de gobierno de la iglesia, conviene dialogar con mente abierta a la luz de la Palabra de Dios.

En los puntos básicos, sobre los que descansa la integridad del Evangelio, no caben concesiones de ningún género. La oposición debe ser rechazada con santa energía (Gál. 1:9; II Jn. 9-11).

Si se trata de puntos no fundamentales, pero sí suficientemente claros desde el punto de vista bíblico, deben ser asimismo mantenidos en conformidad con la Escritura. En ningún caso debe sacrificarse la verdad en aras de conveniencias circunstanciales con objeto de soslayar problemas. Ningún ministro del Evangelio está autorizado para maniobrar maquiavélicamente en el gobierno de la iglesia en menoscabo de la autoridad permanente de la Palabra.

Pero hay casos en los que una postura tolerante y elástica puede ser la más recomendable. Esta postura casi se impone ante cuestiones susceptibles de más de una interpretación seria de la Escritura. Cristianos igualmente fieles y amantes de la Palabra de Dios sustentan opiniones muy diversas en torno a determinados puntos teológicos. Si esas divergencias se mantienen dentro de la ortodoxia evangélica, debiera prevalecer por parte de todos un espíritu de libertad y respeto mutuo.

Puede suceder, sin embargo, que alguien haga de tales puntos caballos de batalla con espíritu sectario y trate de imponer por todos los medios sus opiniones a los demás, o que tilde de infieles a la Verdad a cuantos no se adhieren a su credo. Esta agresividad, carente de amor y respeto a las opiniones ajenas, puede constituir un serio peligro para la comunión y la paz entre los creyentes, y en tal caso deberán tomarse las medidas adecuadas a fin de salvaguardar la unidad de la iglesia, siempre indispensable para un testimonio eficaz.

En estas situaciones, una de las soluciones más aconsejables es que los miembros disidentes se adhieran a otras iglesias más afines doctrinalmente o que formen una nueva de acuerdo con sus convicciones. Todo cristiano debe ser fiel a su conciencia, pero no tiene ningún derecho a fomentar la división en una iglesia que en las cuestiones básicas se mantiene fiel a la Escritura.

Cuando los bandos y la oposición surgen por motivos personales, la firmeza y el tacto deben combinarse en dosis pariguales. A menudo los componentes del grupo opositor sólo tienen un factor aglutinante: su resentimiento contra alguien o contra algo y su espíritu de contradicción. Transcurrido algún tiempo, suelen surgir diferencias importantes entre ellos y el grupo se debilita o desaparece.

Según la situación concreta de cada caso, debe actuarse de un modo u otro. Unas veces convendrá hacer uso de una gran paciencia y abstenerse de medidas drásticas, lo que no significa pasividad o renuncia a un diálogo encaminado a solucionar el problema. En términos generales, la precipitación no es aconsejable. Sin embargo, puede suceder también que una prolongación de las dificultades las haga cada vez más peligrosas y más insuperables. En situaciones así, la acción reflexiva pero sin demora puede ser el único medio de solución (I Cor. 5:3-5, 13).

En el capítulo siguiente nos extenderemos más ampliamente sobre la disciplina. Pero ya ahora adelantamos que, en este terreno, inseparable de los problemas eclesiales, la acción pastoral debe estar presidida por un espíritu de afable cordura (II Tim. 2:24-26).

CUESTIONARIO

1. ¿Cuáles son las causas de la tibieza espiritual y cómo debe tratarse este problema?
2. ¿Cómo deben resolverse las discordias entre hermanos? Apoye la respuesta en textos bíblicos adecuados.
3. ¿Cuándo los grupos de oposición son pecado en una iglesia? ¿Y cuándo son saludables?
4. ¿Cuál debe ser la actuación pastoral en cada uno de los casos mencionados en la pregunta anterior?

Capítulo XXV

LA DISCIPLINA

En el planteamiento de los diferentes problemas que se presentan en la cura de almas, el pastor no sólo tiene que actuar como médico espiritual; ha de ser, asimismo, un educador. Esa es la razón por la que dedicamos un capítulo al tema de la disciplina.

Significado bíblico del término

En la mente de muchas personas priva la acepción secundaria de la palabra «disciplinar»: azotar por castigo. Predomina la idea de acción severa en retribución de una conducta incorrecta. Pero «disciplina», en español como en latín, tiene el mismo significado primario: enseñanza o educación de una persona. Idéntico sentido tiene el término hebreo *musar* (Dt. 8:5) o el griego *paideía* (Hec. 7:22; 22:3; Rom. 2:20; Ef. 6:4; II Tim. 2:25; 3:16; Tit. 2:12).

La enseñanza efectiva implica la comunicación de unas verdades y, en el orden espiritual, la transformación del carácter del creyente a semejanza de su Señor. Para ello es preciso impartir unos conocimientos, exhortar, amonestar, estimular, etc. Sin embargo, toda actividad pedagógica exige firmeza, rigor y a veces acción correctiva. Por eso, en el Antiguo Testamento de modo especial, pero también en el Nuevo, los términos *musar* y *paideía* respectivamente expresan la idea de castigo (Lev. 26:28; Sal. 6:1; 94:12; Heb. 12:6, 7, 10; Ap. 3:19). No debe, sin embargo, interpretarse tal castigo en un sentido estrictamente punitivo o —menos aún— expiatorio. A la luz del Nuevo Testamento, resulta clarísimo que Cristo pagó por todos nuestros pecados, que «ninguna condenación hay para los que están en Cristo Jesús» (Rom. 8:1) y que la santa ira de Dios no va a recaer sobre aquellos a quienes él mismo ha justificado (Rom. 8:33). Pero cada redimido es un hijo de Dios, a la par que un discípulo del Hijo por excelencia, en cuya escuela debe ser educado. Cuando fracasen otros medios educativos, Dios usará el azote, no para castigar, sino para corregir, no como expresión de ira, sino de amor paternal. Esta es la gran lección expuesta magistralmente en Hebreos 12:5-11. Agustín de Hipona la expresó con gran acierto: *Melius est cum severitate diligere quam cum lenitate decipere* (mejor es amar con severidad que engañar con lenidad).

A la acción educativa de Dios en su sentido más amplio ha de responder el creyente con una actitud de autodisciplina, renunciando al error y al pecado y renovando siempre su dedicación a Dios y a la justicia (Rom. 6:11-13, 19) con todas las fuerzas de su ser (I Cor. 9:25-27). Pero cuando el miembro de una iglesia, faltando a sus deberes morales, vive desordenadamente, la iglesia debe intervenir para llevar a efecto la oportuna corrección.

La acción disciplinaria de la Iglesia

Según lo expuesto en el punto anterior, la Iglesia «disciplina», es decir, instruye, enseña, cada vez que de algún modo se guía a sus miembros a vivir conforme al propósito de Dios. La predicación o la enseñanza en público y la exhortación o la admonición en privado deben contribuir a cumplir su misión educativa. Pero tiene que incluirse en la disciplina la acción encaminada a enmendar el comportamiento anticristiano de cualquier miembro.

Esta función correctiva tiene un doble fin: el propio beneficio del creyente que la origina y la salvaguardia del prestigio moral de la iglesia. Este segundo aspecto no puede desestimarse. En las iglesias apostólicas, tuvo gran relieve. «Para su propia afirmación y defensa, la Iglesia primitiva tuvo que ejercer una disciplina estricta. Su bienestar y su propia vida dependía de la supresión de las perversiones y de la expulsión de quienes persistían en pecados escandalosos. En algunos casos la tolerancia habría significado infidelidad a Cristo y degradación de la comunidad. El deber de mantener una disciplina adecuada fue una de las tareas más difíciles y más importantes con que tuvo que enfrentarse la iglesia antigua» (1).

Esta actuación, con antecedentes enraizados en el Antiguo Testamento, fue sancionada por el Señor de modo que no deja a lugar a dudas (Mt. 18:15-17) y establecida en las primeras iglesias cristanas. Atención especial merece la energía con que Pablo se esforzó para que se llevara a la práctica (I Cor. 5).

Algunas intervenciones de tipo disciplinario pueden y deben ser efectuadas privadamente. Aunque a juicio de buenos comentaristas el sentido de Mateo 18:15 aconseja la retención de «contra ti» (2), la supresión de estas dos palabras en muchos manuscritos antiguos permite una aplicación más amplia de la pauta marcada por Jesús (Comp. Sant. 5:16) y abre el camino para que cualquier creyente, y especialmente quien ocupa una posición de mayor responsabilidad en la iglesia, se dirija al hermano que ha pecado y le amoneste con miras a su restauración espiritual.

Cuando la amonestación en privado no produce efecto, ni siquiera en un segundo intento con uno o dos testigos, el asunto debe ser llevado a la iglesia, a la que corresponde la decisión disciplinaria final.

---

1. H. Cariss J. Sidnell, *Hastings'Dict. of the apostolic church*, I, p. 303.
2. Véase pág. 128, nota al pie.

Los datos del Nuevo Testamento nos permiten establecer los principios que deben observarse en una iglesia cristiana cuando ha de resolver el problema planteado por pecados graves.

a) Prácticamente en todos los casos, aun en los más extremos, debe buscarse el arrepentimiento del pecador y su rehabilitación espiritual (II Cor. 2:5-11; II Tim. 2:25, 26).

b) En ninguna circunstancia deben litigar los miembros de una iglesia ante un tribunal civil. En último término, sus conflictos han de ser juzgados y decididos en el seno de la propia congregación (I Cor. 6).

c) Las decisiones relativas a disciplina no son prerrogativa exclusiva de los dirigentes de la iglesia. La excomunión debe ser decidida por la iglesia, no por el pastor o por el consejo de la misma (I Cor. 5:4).

d) Las medidas disciplinarias han de ser guiadas por el Espíritu Santo e inspiradas en la Palabra de Cristo, y deben adoptarse con el elevado sentido de responsabilidad que exige actuar «en nombre y con el poder» del Señor (I Cor. 5:4).

e) Han de estar presididas, asimismo, por un espíritu firme, al mismo tiempo lleno de comprensión, mansedumbre y solidaridad (Gál. 6:1, 2) y con una constante disposición al perdón tan pronto como se vean signos de arrepentimiento (II Cor. 2:5-11, en especial los vs. 7 y 10).

La aceptación de estas directrices librará tanto de una excesiva laxitud como de una rigurosidad exagerada, males ambos que han perjudicado gravemente a muchas iglesias a lo largo de los siglos.

La excomunión

Constituye la medida extrema de la disciplina por la que un miembro es excluido de la comunión de la iglesia.

Tiene sus precedentes en el antiguo Israel, en el que los contaminados y los transgresores de los grandes mandamientos de la Ley eran excluidos de la comunidad; en unos casos, temporalmente; en otros, los más graves, de modo definitivo mediante la muerte. Así se preservaba o restauraba la santidad de la nación (Lev. 13:46; Núm. 5:2, 3; 12:14, 15; 16; Esd. 7:26; 10:8; Neh. 13:23-25). En la época postexílica, la excomunión era practicada por las autoridades de la sinagoga con efectos civiles tanto como religiosos (Jn. 9:22; 12:42; 16:2).

La Iglesia cristiana, en conformidad con las enseñanzas de su Maestro (Mat. 18:18), retuvo la excomunión en el orden espiritual. El castigo físico nunca entró en la mente de los primeros cristianos. Y si alguna vez se producía enfermedad o muerte de carácter disciplinario (I Cor. 11:30), la acción correspondía a Dios, no a la comunidad eclesial (Comp. Hec. 5:1-10).

El ejemplo más claro de excomunión en el Nuevo Testamento lo hallamos en el caso del incestuoso de Corinto, cuya referencia bíblica (I Cor. 5) hemos anotado ya varias veces. La salud moral y el testimonio público de la iglesia estaban gravemente amenazados. Además no se trataba de un desliz seguido de arrepentimiento y abandono del pecado, sino de una conducta escandalosa mantenida con la complicidad de una tolerancia mal entendida por parte de la iglesia. El mal debía cortarse de raíz (v. 13). Pero incluso en este caso insólito, la finalidad última de la excomunión, como hemos observado en los principios bíblicos de la disciplina, era la salvación del transgresor (v. 5) (3).

Hay referencias a otros casos de disciplina en el Nuevo Testamento, bien que no se nos presentan con la misma pro-

---

3. «Entregar a Satanás» es una expresión oscura para nosotros. Vuelve a repetirse en I Tim. 1:20. Objeto de interpretaciones diversas, parece indicar que fuera de la iglesia se encuentra la esfera de Satanás (Ef. 2:12; Col. 1:13, etc.), donde el excomulgado es objeto especial de los ataques del maligno sobre su «carne», posiblemente mediante enfermedades u otros sufrimientos. Pero son precisamente estos sufrimientos los que pueden provocar el arrepentimiento salvador.

fusión de detalles. Aunque probablemente no de modo exhaustivo, nos indican las causas principales de excomunión en las iglesias apostólicas:

a) *Pecados graves de inmoralidad* (I Cor. 5). La degradación sexual de los paganos debía contrarrestarse enérgicamente en las congregaciones cristianas si no se quería correr el riesgo de que un poco de levadura leudara toda la masa. No es menor el peligro en nuestros días.

b) *Enseñanza errónea* (Gál. 1:8; I Tim. 1:20). Sobre todo cuando atenta contra los fundamentos doctrinales de la fe, ya que la modificación de éstos puede significar que una iglesia cristiana deje de serlo.

c) *Contravención descarada de las prescripciones apostólicas* (II Tes. 3:14). No es seguro, sin embargo, que en este caso Pablo pensara en una excomunión total, sino más bien en un retraimiento por parte de los hermanos en relación con el «desordenado». Así parece confirmarlo el versículo 15.

d) *Espíritu faccioso provocador de divisiones* (Tito 3:10). El caso que en este texto se contempla es el del hombre hereje *(hairetikós)*, es decir, el que se adhiere a unas ideas sectarias y promueve escisiones. Ya antes Pablo había colocado la herejía *(haíresis)* entre las obras de la carne junto a las contiendas y las disensiones (Gál. 5:20) y había mostrado la estrecha relación entre aquélla y el cisma (I Cor. 11:18, 19). La *haíresis*, por sus perniciosos elementos doctrinales y sus efectos divisorios, es una amenaza a la integridad de la iglesia.

Es verdad que la recomendación de Pablo resulta ambigua. ¿Qué significa «desechar» al *hairetikós*? El verbo griego *paraiteomai* tiene gran diversidad de acepciones: pedir a alguien que se acerque, obtener algo mediante súplica, excusarse, apartar, separar, rehuir, evitar. Esta variedad de significados impone cautela antes de identificar la norma paulina con la excomunión. Sin embargo, la naturaleza del problema de la «herejía» cismática limita el número de acepciones plausibles. Quien la practica debe ser evitado o separado. Pero, dada la pertinacia de tal tipo de personas, parece que la única manera de evitarlas es su separación o exclusión. En tal caso, la iglesia no hace sino confirmar la autocondenación del miembro (Tit. 3:11). Por otro lado, la lenidad respecto a este problema puede ser fatal. Como bien señala Schlier, «si la Iglesia accede a la *haireseis*, ella misma se convertirá en *haíresis*» (4).

En cuanto a la duración de la excomunión, nada se indica en el Nuevo Testamento. El principio básico es que el excomulgado ha de ser readmitido a la comunión de la iglesia cuando evidencia arrepentimiento y se aparta de la causa de su exclusión.

En algunos casos, sobre todo cuando ha habido escándalo público, si el arrepentimiento se produce inmediatamente o poco después de haber cometido la falta, puede ser aconsejable mantener alguna medida de disciplina (en algunas iglesias, la privación de participar de la Santa Cena) durante un tiempo prudencial. Ello contribuye a salvaguardar, en parte al menos, el crédito moral de la iglesia ante el exterior. Pero no todas las iglesias comparten esta práctica. Algunas estiman que si el arrepentimiento del excomulgado es reconocido y aceptado, debe desaparecer toda medida disciplinaria. Hay razones en pro y en contra de las dos posturas. Lo más aconsejable puede ser que la iglesia actúe según las circunstancias especiales de cada caso.

Para concluir, conviene recalcar la necesidad de que cualquier forma de disciplina, desde la admonición hasta la excomunión, se lleve a cabo con amor, con oración y con un deseo profundo de que el hermano disciplinado sea integrado a una vida cristiana normal. Es triste que a veces se defienda apasionadamente —farisaicamente quizá— la justicia sin el menor vestigio de misericordia. Parece buscarse más la retribución que la restauración. En este quehacer del ministerio, como en todos, debiera haber en nosotros «el sentir que hubo

---

4. Kittel's *Theol. Dict. of the NT*, vol. I, 183.

en Cristo Jesús» (5). Y el santo temor expresado por Pablo: «El que piensa estar firme, mire que no caiga» (I Cor. 10:12).

CUESTIONARIO

1. *¿Qué relación existe entre la disciplina en el sentido bíblico y la cura de almas?*
2. *¿Por qué es necesaria la disciplina correctiva en la iglesia?*
3. *Exponga los fundamentos bíblicos de tal tipo de disciplina.*
4. *¿Qué significado y qué alcance tiene la excomunión en el Nuevo Testamento?*
5. *¿En qué casos se aplica?*

---

5. Alguien ha sugerido acertadamente que aun las palabras de Mt. 18:17 debieran ser objeto de una cuidada exégesis. En la práctica suelen interpretarse en el sentido de que el excomulgado debe ser rechazado despectivamente. Es como un gentil o como un publicano. Pero ¿cómo trató Jesús a esta clase de personas?

Sección B
El pastor como dirigente

Sección B

EL PASTOR COMO DIRIGENTE

Las responsabilidades de un pastor no se limitan a la cura de almas. Además de atender individualmente a los miembros según sus particulares necesidades, ha de prestar atención a las actividades colectivas de la iglesia. En este aspecto, se espera que su ministerio provea una aportación decisiva en la dirección, organización y administración de la comunidad eclesial.

Con la autoridad propia de sus funciones, y en conformidad con las directrices de la Escritura, debe ejercitar sus dotes de líder para descubrir y cultivar dones, estimular a sus hermanos para el trabajo cristiano y orientar las diversas formas de adoración, testimonio y servicio de modo que la iglesia alcance el máximo rendimiento espiritual.

Esta tarea no es fácil. Exigirá una buena dosis de imaginación, celo, energía, paciencia y fe. No siempre es apoyada por la congregación con la comprensión y la colaboración debidas. Muchas veces hay que trabajar superando los obstáculos de prejuicios, indiferencia u oposición. Pero no pueden regatearse esfuerzos. Una iglesia bien dirigida es, por lo general, una iglesia próspera en la que el ministro hallará cumplida compensación a cualquier sinsabor de su liderazgo.

Capítulo XXVI

LA AUTORIDAD PASTORAL

Es inconcebible la acción eficaz de un dirigente si éste carece de determinadas potestades. Pero es cierto igualmente que dicha acción puede malograrse si se tiene un concepto erróneo de la autoridad o se abusa de ella. Las dos posibilidades se han convertido a menudo en tristes realidades, según nos muestra la historia de muchas iglesias locales. Por tal razón, antes de extendernos en consideraciones sobre la dirección de una iglesia, conviene que procedamos a un breve estudio de la autoridad, tal como aparece en el Nuevo Testamento.

Concepto de autoridad

Los diccionarios definen el término con varias acepciones. Una de las más adecuadas al sentido bíblico es la dada en primer lugar por el *Oxford Dictionary* (Concise): «Poder, derecho a exigir obediencia.»

La palabra más usada en el Nuevo Testamento es *exousía* (del verbo *exesti*, ser legal). Originalmente tenía el significado de permiso o libertad para hacer algo; pero su sentido evolucionó hacia el derecho de ejercer funciones de poder o de gobierno, la facultad de una persona para dar órdenes que otros deben cumplir (1).

---

1. W. E. Vine, *Expository Dictionary of N. T. Words*, vol. I, página 89.

La autoridad así entendida ha venido a ser un imperativo en toda sociedad humana. La anarquía, dada la naturaleza caída del hombre, conduce indefectiblemente al caos. Sin embargo, para que la autoridad resulte benéfica, debe estar cimentada en principios de verdad y de justicia. Si faltan éstos, la autoridad se corrompe y da lugar a las mayores calamidades sociales.

Desde el punto de vista cristiano, toda autoridad —en su sentido más amplio— procede de Dios (Rom. 13:1). La *exousía* de Dios equivale a su poder, su libertad, su soberanía sobre todo el universo. En última instancia, todo responde al propósito de su voluntad (Ef. 1:11). Las esferas de autoridad humanas o satánicas no escapan a su control (Jn. 19:10, 11; Hec. 26:18; Col. 1:13). Si esto es así en los ámbitos que le son hostiles, mucho más ha de serlo en su pueblo redimido.

La autoridad en la Iglesia

Partiendo de Dios, de modo escalonado, nos muestra el Nuevo Testamento las autoridades que, con carácter permanente, absoluto, han de ser reconocidas por la iglesia de todos los tiempos. De su acatamiento depende la validez de la autoridad del ministro del Evangelio.

1) *La autoridad de Jesucristo.* Es inherente a su identidad divina en igualdad con el Padre (Jn. 5:19 y ss.) y confirmada en su condición de Mediador perfecto. Por eso, al final de su estancia física en la tierra, declara: «Toda potestad *(exousía)* me es dada en el cielo y en la tierra» (Mt. 28:18).

Jesucristo enseña con autoridad (Mt. 7:29; Mc. 1:22; Lc. 4:32); ejerce dominio sobre los malos espíritus (Mc. 1:26; Lc. 4:36); tiene facultad de perdonar pecados (Mt. 9:6, 8; Mc. 2:10; Lc. 5:24); posee autoridad en cuanto concierne a la salvación del hombre (Jn. 17:2; Mt. 10:32; 11:28-30). Exaltado a la diestra del Padre «sobre todo principado, autoridad, poder y señorío», ha sido constituido Cabeza suprema de la Iglesia (Ef. 1:21, 22). Ello explica que la Iglesia le invoque preferentemente, y con toda propiedad, con el título de «Señor». A El, sólo a El, debe su lealtad.

2) *La autoridad del Espíritu Santo.* El es el único Vicario de Cristo dado a la Iglesia. Como sustituto suyo, enseña y guía a los discípulos al conocimiento de la verdad (Jn. 14: 26; 16:13) con todas sus implicaciones prácticas (Hec. 15: 28). Su acción iluminadora, no la habilidad de los predicadores, es el secreto de la comprensión y la aceptación del Evangelio (I Cor. 2; I Tes. 1:5). La autoridad del Espíritu obliga a la Iglesia —y a las iglesias— a mantenerse a la escucha de su voz (Ap. 2:7, 11, 17, 29; 3:6, 13, 22) y a los pastores al cumplimiento de su misión (Hec. 20:28).

3) *La autoridad de los apóstoles.* De las autoridades intrínsecamente divinas, pasamos a las humanas. Por sí mismos, no fueron los apóstoles ni más sabios, ni más santos, ni más fuertes que el resto de la Iglesia cristiana. Pero recibieron una autoridad especial por delegación del Señor. Habrían de actuar como sus representantes (Mt. 10:1, 40). Por sus funciones únicas, serían considerados fundamento de la Iglesia (Ef. 2:20; Ap. 21:14). Especialmente guiados por el Espíritu Santo, en cumplimiento de la promesa de Jesús (Jn. 14:26; 16:13), darían expresión y transmitirían con toda autoridad la sana «doctrina» del Evangelio (I Tim. 1:10; 4:6) y su enseñanza sería preceptiva en todas las iglesias (I Cor. 11:2; II Tes. 2:15; 3:6, 7). Su predicación lleva el sello inconfundible de una autoridad divina; no es palabra de hombres, sino de Dios (I Tes. 2:13), y sus escritos son equiparados a la Escritura del Antiguo Testamento (II Ped. 3:16). Lo que los apóstoles habían aprendido de Jesús fue enriquecido por el ministerio del Espíritu Santo, por lo que la tradición apostólica se convirtió en elemento válido de revelación. «Aquello que se había recibido del Jesús terrenal y fue transmitido por los apóstoles fue al mismo tiempo convalidado por el Señor exaltado, mediante su Espíritu, en los apósto-

les, de modo que revelación y tradición apostólica no son sino dos caras de una misma moneda» (2).

Esta autoridad de los apóstoles fue única, intransferible. No se ha perpetuado a través de sucesores, como pretende la Iglesia Católica Romana, sino por medio de sus escritos contenidos en el Nuevo Testamento. Esto nos lleva a otro plano de autoridad.

4) *La autoridad de la Sagrada Escritura.* Al desaparecer los apóstoles, ¿a quién o a qué se volvería la Iglesia para determinar todo lo concerniente a su fe y conducta? La autoridad de Jesucristo y del Espíritu Santo, ¿no quedarían al albur del subjetivismo de cada creyente?

El catolicismo romano ha encontrado solución al problema en la tradición (3) y el magisterio de la Iglesia. Algunos teólogos protestantes liberales, siguiendo la línea de Sabatier, han abogado por una autoridad de la conciencia y de la razón. Pero la verdad es que sólo la Escritura, bajo la dirección del Espíritu Santo, constituye la única autoridad para la guía doctrinal y moral de la Iglesia. Sólo a través de sus páginas podemos conocer el testimonio profético y apostólico. Sólo en el sacro depósito de la Biblia podemos hallar lo que de su revelación ha querido Dios hacer llegar a los hombres. La Escritura posee autoridad, una autoridad suprema, porque nos lleva fidedignamente al conocimiento de Dios, de su Hijo Jesucristo y de su Espíritu, a cuya autoridad —como hemos visto— tiene que someterse el pueblo cristiano.

Es por esta razón por lo que la Escritura prima sobre la Iglesia y no viceversa. No es la Iglesia la que autentifica la Escritura, sino ésta la que autentifica a aquélla. La Iglesia no puede añadir a los escritos canónicos, ni puede enseñar nada

---

2. F. F. Bruce, *Tradition old and new*, The Paternoster Press, p. 32. Véase también el valioso trabajo de José Grau en los caps. II y III de su obra *El fundamento apostólico.*

3. No en la tradición apostólica a la que hemos aludido antes, sino en la tradición surgida y propagada con posterioridad al período apostólico.

que esté en contradicción con sus enseñanzas. Como decía Lutero, «la Iglesia no puede crear artículos de fe; sólo puede reconocerlos y confesarlos como un esclavo lo hace con el sello de su Señor» (4).

Estas aseveraciones, que más de un lector considerará correctivamente saludables para los católico-romanos, son importantes también para las iglesias protestantes, en las que demasiado a menudo formas diversas de tradición o interpretación bíblica han privado por encima de la auténtica enseñanza bíblica. La fe y la conducta de no pocos creyentes evangélicos son configuradas en algunos puntos más por posturas tradicionales que por la Palabra de Dios. La autoridad de ésta, en la práctica, resulta inferior a la de la mentalidad y las costumbres de la iglesia local (5).

La autoridad de los pastores

Es inseparable del ministerio. Una iglesia, integrada siempre por seres humanos, no se diferencia demasiado en algunos aspectos de otras sociedades humanas. Quienes en ella asumen mayor responsabilidad han de tener algún tipo de autoridad; de lo contrario, su trabajo es poco menos que irrealizable.

Origen de esta autoridad

No radica en una posición jerárquica; o en una investidura decidida por una congregación, sino en el propósito de Dios que llama a sus ministros, los envía y los usa —al modo de los antiguos profetas— conforme a su plan (Jer. 1:10; 17-19; Am. 7:4, 15; Mc. 3:13-15; Hec. 20:24; Gál. 1:15-17). No procede, por tanto, la autoridad del pastor ni de la fun-

---

4. Cit. por John Bright, *The authority of the O.T.*, SCM Press, p. 34.
5. Recomendamos la magnífica «Introducción» de la obra ya mencionada de F. F. Bruce, *Tradition old and new*.

ción ministerial en sí ni del llamamiento o reconocimiento de la iglesia local, sino de la vocación de Dios, a cuya autoridad suprema pastor e iglesia deben sometimiento.

Su naturaleza

No se basa en los dones naturales o espirituales que el pastor pueda tener: conocimiento, elocuencia, personalidad fascinadora, energía, fervor, celo, etc. La autoridad de un ministro del Evangelio le es otorgada por su Señor. Es la propia de un representante de Dios. Por ello sólo es lícita cuando el pastor actúa manteniéndose obediente a Dios, fiel en todo a su Palabra. Ningún ministro puede, arropado en las prerrogativas de su cargo, predicar, enseñar o inducir a la iglesia a obrar de modo contrario a la Escritura. Tal comportamiento lo descalificaría automáticamente e invalidaría sus facultades directivas.

Cuando la autoridad se ejerce con la dignidad y fidelidad que le son inherentes, los guías de la iglesia son acreedores al reconocimiento, la estima, el apoyo y la obediencia (I Tes. 5:12, 13; Gál. 6:6; Heb. 13:7, 17). Algunas iglesias han visto empobrecida su vida espiritual y desprestigiado su testimonio por haber tenido en poco a sus pastores. Es un gran mal la tiranía del líder, pero no lo es menor la del pueblo.

La Iglesia debe conservar siempre su identidad; debe ser una comunidad de hombres y mujeres redimidos por Jesucristo, santificados por el Espíritu, guiados por la Palabra para reconocer y honrar los dones que, comunitariamente, les son concedidos. Entre esos dones, como vimos al principio de esta obra, están los ministros del Evangelio.

Su finalidad

Claramente se establece en el Nuevo Testamento que la autoridad ministerial no tiene otro objeto que la edificación de la iglesia (II Cor. 10:8; 13:10; Ef. 4:12). Por consiguiente, cualquier inclinación a usarla para satisfacer ansias de vanagloria o de dominio sobre la congregación es un pecado de perfidia.

La finalidad de la autoridad ministerial establece de por sí unos límites que jamás debieran ser traspasados. Desgraciadamente, lo que Pablo evitó siempre, el uso de la autoridad para destrucción, es la torpeza cometida por algunos pastores. Ejemplo de tristísimo recuerdo lo hallamos en Diótrefes (III Jn. 9, 10), el gran dictador que trataba de manejar autárquicamente la Iglesia conforme a su antojo carnal y por los medios más reprobables. Ningún ministro puede hacer de la Iglesia campo de su señorío personal. Ni puede imponerle arbitrariamente las decisiones dictadas por su particular criterio, no siempre iluminado por el Espíritu Santo.

El abuso de autoridad se presenta a veces de modo colectivo. Afecta al conjunto de los dirigentes de la comunidad cristiana. En contraposición con una democracia poco bíblica, puede caerse en una «oligocracia» (gobierno en manos de unos pocos) poco espiritual en la que predomina el afán de mando. Demasiadas iglesias se han visto perjudicadas por esta forma de gobierno. El mal ha aumentado cuando los líderes han sido personas poco formadas, cerradas, intolerantes, esclavas de un sentimiento de autosuficiencia o semiinfalibilidad, y se ha agravado si tales personas han ocupado su posición en la Iglesia con carácter vitalicio.

No se olvide, por otro lado, que en las iglesias novotestamentarias, el conjunto de la congregación tenía una participación decisiva en las cuestiones más importantes (Hec. 6:3-5; I Cor. 5:4, 5). En una comunidad evangélica, los miembros no van a la iglesia; son Iglesia. Toda distinción poco cuidada entre clero y laicado es peligrosa.

Para que el propósito de la autoridad pastoral —la edificación de la Iglesia— se cumpla, los guías tienen que mantenerse en contacto estrecho con el Señor de la Iglesia, atentos a su Palabra y sensibles a la dirección del Espíritu Santo, en actitud humilde y de servicio, no de señorío, recordando las palabras de Jesús que encontramos en Lucas 9:35 y 22:24-26.

También es importante que las funciones de gobierno se lleven a cabo con participación de miembros espiritualmente dotados para ello. De aquí que en las iglesias que tienen un solo pastor éste sea asistido en sus funciones de dirección por un consejo de ancianos o de diáconos. En la medida en que estos hombres hacen aportaciones valiosas —mediante sugerencias, iniciativas, consejos, críticas y una acción responsable— y no son meros peones o figuras de adorno en torno al pastor, el gobierno de la iglesia se robustece. Siempre es conveniente que la autoridad pastoral sea una autoridad compartida.

Igualmente recomendable es que los dirigentes de una iglesia vivan en contacto con los restantes miembros de la misma. El diálogo se hace necesario no sólo para instruir y orientar, sino para recoger con mente abierta las opiniones, sentimientos o inquietudes de los hermanos respecto a la vida congregacional. No todas las opiniones ni todos los juicios serán aceptables; pero en muchas ocasiones un oído abierto a la voz de los miembros puede hacer mucho más eficaz la labor de dirección. Recordemos la sensatez de los apóstoles ante las quejas provocadas por la desatención de que eran objeto las viudas griegas en la iglesia de Jerusalén (Hec. 6:1-7). Es interesante, tal vez, notar el contenido del versículo 7. ¿Habría alguna relación entre la solución del problema eclesiástico y la formidable expansión de la iglesia?

Como síntesis de este capítulo, citamos las palabras del centurión que, con las naturales diferencias, debiera apropiarse todo pastor: «Porque también yo, que soy un subalterno, tengo soldados a mis órdenes y digo a éste: "Vete", y va; y a otro: "Ven", y viene; y a mi siervo: "Haz esto", y lo hace» (Mt. 8:9). La autoridad del ministro es auténtica y eficaz en la medida en que él mismo está sometido a la cuádruple autoridad, antes expuesta, que rige la Iglesia de Jesucristo.

CUESTIONARIO

1. Detalle algunos de los conceptos erróneos de autoridad.
2. ¿Quién ejerce la autoridad en la iglesia de Jesucristo?
3. ¿En qué consiste la autoridad de los pastores?
4. ¿Cuál es su fundamento?
5. ¿Cómo debe ejercerse?

Capítulo XXVII

LA ORGANIZACION EN LA IGLESIA

Una iglesia no es una organización, sino un organismo vivo. Lo que importa es su vida, no su estructuración. Esta es la opinión de algunos que miran con reservas cualquier ordenación meticulosa de la comunidad cristiana. Y hasta cierto punto tienen razón.

Sin embargo, toda forma de vida, por rudimentaria que sea, muestra un orden maravilloso; no existe la vida sin organización. En cualquier ser vivo se observa una adaptación de sus partes y una coordinación de funciones que permiten la realización de su finalidad vital. Este fenómeno, que en los organismos vegetales o animales se presenta individualmente de forma natural, se observa también en agrupaciones colectivas (abejas, hormigas, etc.) donde instintivamente se establece una organización que regula su actividad.

La humanidad no habría salido del paleolítico si no hubiese ido perfeccionando sus formas de organización. Ninguna empresa humana habría prosperado sin un mínimo de orden social. Los objetivos de una colectividad no se alcanzan fácilmente por la iniciativa aislada, incoherente, de los individuos que la componen. Ha de orientarse y coordinarse del modo más eficaz posible. Y la iglesia no escapa a los principios que rigen el desarrollo de los grupos humanos. Admitamos el hecho de que una iglesia, por bien organizada que esté, si carece de vida espiritual, es una iglesia difunta. Pero también es cierto que una iglesia viva desorganizada está expuesta a problemas que pueden anular o mermar sensiblemente su vitalidad. La organización no sustituye a la vida, pero es indispensable a su mejor desarrollo.

En Israel no fueron suficientes la fe y el arrojo de Moisés para conducir al pueblo. Fue necesaria una organización sensata y minuciosa (Ex. 18:13-27; Deut. 1:9-18; Núm. 1-4). Llama igualmente la atención el esmero con que David planeó la construcción del templo y el servicio del culto (I Crón. 22:2-26:32).

En el período postexílico, la sinagoga —centro de la vida religiosa judía— realizaba funciones más simples, pero estaba asimismo organizada, y fue precisamente su estructura orgánica la que, al parecer, sirvió de pauta para la organización de las primeras iglesias cristianas.

En las iglesias del primer siglo, la acción del Espíritu y el ejercicio de sus dones no estaban reñidos con sanas formas de gobierno y organización. Los apóstoles fueron un elemento importantísimo de cohesión, orden y dirección. Al frente de las iglesias que iban surgiendo como fruto de la labor apostólica, se constituían ancianos (Hec. 14:23). Las necesidades de orden temporal o administrativo se suplieron, con habilidad organizativa santificada, mediante el diaconado (Hec. 6:1-6). La obra entre las mujeres hizo, sin duda, patente la necesidad de diaconisas (Rom. 16:1). Las anomalías en la celebración del culto observadas en algunos lugares impusieron unas normas para que «con decoro y orden» (I Cor. 14:40) se lograse la edificación espiritual.

Lo expuesto es suficiente para que el pastor se percate de la importancia de la organización en la iglesia y de la necesidad de dedicar a ella toda su habilidad de líder. Deplorablemente, más de un ministro ha fracasado en este terreno. Hay hombres de Dios, excelentes predicadores, buenos maestros y consejeros magníficos, que carecen de iniciativa y visión en cuanto a organización se refiere. Jowett se refiere al predicador como «hombre de negocios». Aludiendo a la parábola del mercader (Mt. 13:45), afirma: «Nuestro Maestro ordena, asimila y santifica los instintos y aptitudes empresariales en el ministerio del Reino. Los talentos y facultades usados en los asuntos del mundo han de ser usados en los intereses de los negocios del Padre. Los "hijos de este mundo" no han de ser más sagaces que "los hijos de luz"» (1).

Por supuesto, no es posible presentar patrones de organización. Lo que en una iglesia puede resultar excelente puede ser en otra causa de fracaso. El organizador ha de tener siempre en cuenta los múltiples factores que intervienen en la vida de una iglesia: su origen, su tradición, el número de miembros, su nivel cultural y social, su idiosincrasia, el tipo y la calidad de los dones espirituales existentes, etc. Las iglesias denominacionales suelen tener ya sistemas de organización más o menos comunes. Pero no siempre tales sistemas son los más adecuados, precisamente porque no se ajustan a los factores mencionados.

Sin propugnar reformas —y menos rupturas— que pudieran resultar contraproducentes, y sin entrar en la cuestión de formas de gobierno (episcopal, presbiteriana o congregacional), señalamos a continuación, sucintamente, algunos puntos básicos que pueden servir de orientación en todos los casos.

Factores determinantes de la organización

Por vía negativa, deben excluirse todos aquellos que tienden a convertir la «máquina» organizacional en un fin en vez de un medio. No tiene sentido, por ejemplo, empeñarse en tener un consejo de ancianos compuesto por siete miembros si en la iglesia sólo hay dos hermanos idóneos para tal ministerio, o elevar el número de clases de la escuela dominical a diez si únicamente hay maestros para un máximo de cinco, o mantener una junta de jóvenes si solamente se cuenta con adultos, o multiplicar innecesariamente el número de juntas

---

1. *Op. cit.*, p. 214.

y comisiones. Lo que otras congregaciones tienen o hacen, aun dentro de la propia denominación, no debiera ser nunca molde rígido al que someter las estructuras de cada iglesia local. Uno de los secretos de la buena organización es la libertad combinada con la imaginación y la agilidad.

Como factores orientativos de cualquier tipo de organización podemos mencionar los siguientes:

Los objetivos de la iglesia

Es imposible realizar una obra efectiva si no se tiene una idea clara de las metas a alcanzar. «Se admite generalmente que el éxito de una empresa (sea privada o pública) depende de los objetivos, de los principios y de las prácticas que se fijan los hombres que la controlan y dirigen» (2).

En la iglesia, los objetivos fundamentales no son fijados por sus dirigentes; han sido previamente determinados por Dios mismo. Pueden resumirse en cuatro:

a) *Adoración.* El pueblo de Dios es una comunidad de redimidos. De sus fieles se espera un sentimiento de gratitud que los mueva a una alabanza gozosa, sincera, inspirada en la verdad que Dios les ha dado a conocer y en la nueva vida que, por su Espíritu, han recibido. Por eso la Iglesia, a semejanza del antiguo Israel, se siente llamada a adorar. El culto a su Señor se ha considerado siempre uno de sus objetivos (Jn. 4:23, 24; Hec. 2:42, 47; Fil. 3:3-Biblia de Jerusalén).

b) *Edificación.* El crecimiento espiritual de cada creyente y de la iglesia en su conjunto es otra de las finalidades de la actividad eclesial. Frecuentemente se compara la Iglesia en el Nuevo Testamento a una casa o templo en construcción (I Cor. 3:9-10; Ef. 2:20-22; I Pedr. 2:5). El Constructor por excelencia es Cristo (Mt. 16:18). Debe observarse que los textos antes citados de Efesios y I Pedro están en voz pasiva. Pero la iglesia no desempeña en esta edificación el papel inerte, totalmente pasivo, de simple material. Tiene una parte

---

2. Dick Carlson, *La dirección moderna*, Ed. Deusto, p. 15.

activa en la edificación (I Cor. 3:10; 14:4; Ef. 4:12; I Tes. 5:11; Jud. 20). Es edificada y edificadora al mismo tiempo.

Esta obra implica la predicación, la enseñanza, la cura de almas y la comunión fraternal, todo lo cual ha de ser igualmente considerado como fines de la iglesia.

c) *Evangelización.* Se haría interminable la lista de referencias bíblicas que destacan esta responsabilidad del pueblo cristiano. La gran misión de la Iglesia es proclamar el Evangelio, dar testimonio de Jesucristo. Todo cristiano es llamado a convertirse en embajador de Cristo que, después de anunciar fielmente la buena nueva, diga a los hombres: «Reconciliaos con Dios» (II Cor. 5:20).

d) *Servicio.* Finalidad de la iglesia es también el servicio, la *diakonía.* La fe no se expresa únicamente a través de una proclamación oral de la Palabra de Dios. La fe hace que la Palabra se encarne en los creyentes. «Obra por el amor» (Gál. 5:6). Es, por consiguiente, misión de toda la iglesia atender a las necesidades de todo tipo que descubra en su seno, entre sus miembros, o a su alrededor (Hec. 4:35; 11:29, 30; Rom. 12:13, II Cor. 8 y 9; Gál. 6:9, 10; I Jn. 3:16, 17, entre muchos otros).

Hacia la consecución de los objetivos mencionados dirige el Espíritu Santo a la Iglesia. Muchas veces se alcanzan de modo espontáneo cuando los creyentes tienen una vida espiritual exuberante, aun sin haber tenido grandes preocupaciones por la organización de su actividad. Sin embargo, y aun a riesgo de parecer excesivamente reiterativos, debemos recalcar que la vida —incluida la espiritual— tiende de por sí a ordenarse en estructuras orgánicas de algún tipo. Como en las iglesias apostólicas, el proceso de realización de los fines asignados a la Iglesia también hoy impone unas formas, más o menos elaboradas, de organización.

Las necesidades

No es suficiente tener una visión clara de los objetivos a lograr. Tan pronto como nos disponemos a alcanzarlos, tropezamos con problemas y menesteres de toda índole.

Ya hemos visto algunas de las necesidades de las iglesias apostólicas en su origen (dirección, orden en el servicio y en el culto, etc.), de las que surgieron los cuerpos de ancianos y de diáconos y normas que regulaban la adoración y el testimonio. Parece que nunca se dio un solo paso en el camino de la organización que no respondiera a una necesidad, y este precedente debiera tenerse muy en cuenta en toda acción organizativa eclesiástica. También en la iglesia tendría que aplicarse el principio de que la función crea el órgano y no a la inversa. Nada debiera hacerse por mero prurito organizador.

En iglesias poco numerosas, la organización puede y debe ser simple. Los diversos trabajos pueden efectuarse sin demasiadas complicaciones estructurales. Pero a medida que la iglesia crece, sus funciones, orientadas siempre a la consecución de los objetivos antes señalados, exigirán una mayor organización. Además de un consejo de ancianos (3), resultará conveniente coordinar las diferentes actividades mediante juntas, comisiones o simplemente personas responsables que dirijan y participen en las labores a realizar (escuela dominical, actividades de jóvenes, de señoras, de matrimonios, coro, literatura, equipos de evangelización, sostenimiento de puntos de misión, grupos de comunión y estudio bíblico, diaconía, etc.). Surgida la necesidad, los líderes de la iglesia deberán buscar el medio más apropiado para suplirla de modo efectivo, lo que a menudo aconsejará una ampliación o reforma de la organización.

Recursos

En la base de toda organización, además de una visión clara de los objetivos y de las necesidades, es preciso conocer los recursos de que se dispone para suplir éstas. Es axiomático que toda empresa humana es irrealizable si se carece de los medios indispensables para llevarla a cabo. El

---

3. En muchas iglesias, los diáconos asumen funciones propias de los ancianos en colaboración con el pastor.

Señor mismo llamó la atención de los discípulos sobre esta verdad (Lc. 14:28-30).

El principio apuntado concierne primordialmente a los recursos personales. Antes de que los líderes de una iglesia decidan un plan concreto de organización y acción, han de ver si cuentan con las personas idóneas necesarias para realizar lo proyectado. Lo contrario lleva, por lo general, al fracaso.

Invitar a predicar a quien no está dotado para ello, dar responsabilidades de enseñanza a quien antes no ha aprendido o decisiones análogas son defectos graves que debieran desterrarse lo antes posible de nuestras congregaciones. No bastan el fervor y la buena fe para paliar la incompetencia con que se llevan a cabo muchas actividades, tanto espirituales como administrativas, en gran número de iglesias.

Quizás alguien alegará que los dones del Espíritu Santo pueden suplir las deficiencias humanas. Pero, como vimos al estudiar los requisitos del ministro, lo normal es que no haya discordancia entre los carismas espirituales y los dones naturales de capacidad intelectual y carácter, dones que, por otro lado, han de cultivarse hasta alcanzar su necesario desarrollo. Ni la Biblia ni la experiencia nos proporcionan base para esperar que el Espíritu Santo use a personas ineptas o negligentes.

Lo que sí debe hacerse es mantener siempre los ojos abiertos y buscar la dirección de Dios a fin de descubrir las personas y los dones que, debidamente cultivados, vengan a ser el material humano indispensable para llevar a cabo los planes de acción de la iglesia.

Al examinar los recursos humanos, tan importante casi como la capacidad es el factor tiempo. Hay personas bien dotadas que serían utilísimas en trabajos diversos de la iglesia, pero que están totalmente absorbidas por sus ocupaciones seculares. Valdrá la pena instarlas a que reconsideren el orden de prioridades en su vida. Sería una bendición para ellos y para la iglesia que dedicasen más horas a los negocios celestiales, aunque ello les exigiera sacrificios. Pero si no pueden o no quieren tomar esa decisión, debe prescindirse de su colaboración, pues ésta sólo sería nominal y, por ende, inefectiva.

Paralelamente al estudio de los recursos humanos, los líderes de la congregación deben considerar sus recursos materiales. Hay programas de actividad cuya realización exige dispendios, a veces cuantiosos (sostenimiento total o parcial de ministros, adquisición o alquiler de lugares de culto y su mantenimiento, literatura, materiales audiovisuales, recreativos, publicidad, etc.). Lógicamente no debe proyectarse nada que rebase las posibilidades económicas de la iglesia.

Objeto de la organización

La finalidad de toda organización es utilizar y coordinar los diversos recursos, humanos y materiales, con miras a conseguir un fin propuesto.

En lo que respecta a la iglesia, el texto de Efesios 4:12 es realmente iluminador. El ministerio cristiano tiene —como vimos— un propósito: el *perfeccionamiento* de los santos para la obra del ministerio de la iglesia, para la edificación del cuerpo de Cristo. El término *katartizo* (traducido por «perfeccionar» en la versión española de Reina Valera) tiene gran riqueza de matices. Significaba reparar o remendar (Mat. 4:21), completar (I Tes. 3:10) y también adecuar, ordenar, disponer, ajustar. Todas las acepciones del verbo tienen su aplicación en la iglesia. Las roturas que en ella se producen a causa del pecado deben ser reparadas. También debe completarse lo que aún es parcial e imperfecto. Pero es el tercer significado el que mejor cuadra con el contexto. El conjunto de los miembros con sus dones respectivos, debe ser coordinado para que la iglesia cumpla el propósito de Dios. Sólo así «todo el cuerpo recibe trabazón y cohesión por medio de toda clase de junturas que llevan la nutrición según la actividad propia de cada una de las partes, realizando así el crecimiento del cuerpo para su edificación en el amor» (Ef. 4:16). No podría hacerse una descripción más depurada de lo que debe ser la organización en una iglesia cristiana.

En lenguaje profano, Gregorio Fingermann no hace sino aplicar un principio semejante para que una empresa cualquiera se convierta en un ente productivo: «Esto sólo puede conseguirse mediante una conducción inteligente que sepa organizar (la empresa) de tal modo que cada una de las secciones se integren en un todo y cooperen para el mismo objetivo» (4).

Los departamentos de una iglesia nunca deben ser compartimentos estancos. Los responsables de las diferentes actividades nunca pueden actuar por su propia cuenta independientemente de los demás y del conjunto. Todos los dones y valores, todas las iniciativas, todos los trabajos, deben efectuarse con la misma armonía con que operan los múltiples miembros y órganos del cuerpo. Lograr esto es la gran finalidad de la organización.

CUESTIONARIO

1. *¿Es necesaria la organización en una entidad como la iglesia, de naturaleza eminentemente espiritual? ¿Por qué?*

2. *¿Son de algún modo aplicables a la iglesia cristiana los antecedentes de organización que hallamos en el Antiguo Testamento? Explique cómo.*

3. *¿Qué criterios básicos deben regir la organización de una iglesia local?*

4. *¿Cuál debe ser la relación entre organización y «dones»?*

---

4. *Conducción de grupos y de masas*, Edit. «El Ateneo», p. 205.

Capítulo XXVIII

LA FUNCION DIRECTIVA

A la vista de los objetivos a lograr, de las necesidades a suplir y de los recursos disponibles, la coordinación de éstos exige la determinación de estructuras adecuadas y una acción eficaz.

Estructuración

¿Cuántos departamentos o secciones debe tener la iglesia para desarrollar satisfactoriamente sus actividades? ¿Cuál es su objetivo? ¿Cuáles deben ser sus órganos rectores? ¿Cómo deben configurarse? ¿Cuáles van a ser sus facultades? ¿Cómo van a constituirse? ¿Por cuánto tiempo? ¿Por qué normas han de regirse?

En las iglesias pequeñas, como ya dijimos, la organización puede ser muy simple; pero a medida que la iglesia crece se irá haciendo necesaria una estructuración más compleja. En este caso es aconsejable la elaboración de un *organigrama* en el que de manera sinóptica aparezcan claramente todos los elementos de la estructura.

En la página siguiente damos un ejemplo que, con las modificaciones pertinentes, podría adaptarse en una iglesia medianamente numerosa.

Conviene añadir que el organigrama debe ser complementado con la exposición clara y precisa —preferentemente por

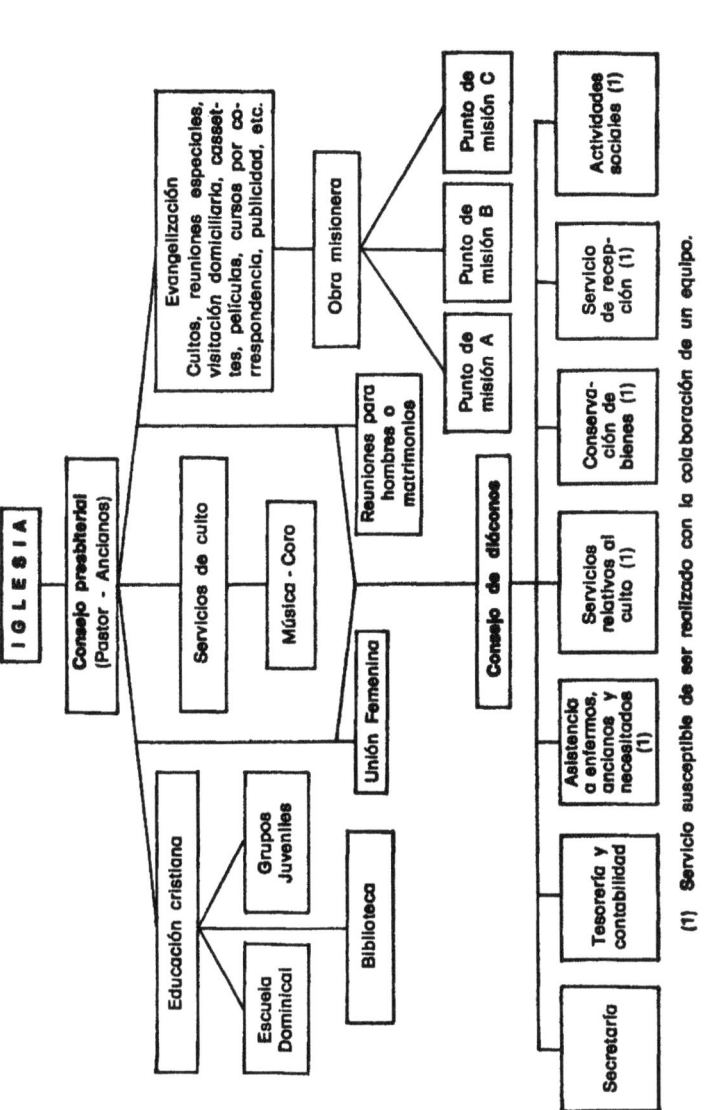

(1) Servicio susceptible de ser realizado con la colaboración de un equipo.

escrito— de las funciones, responsabilidades y formas de actuación de cada consejo, junta, comisión o persona encargadas de un trabajo.

Cada uno de los elementos estructurales consignados en el ejemplo de organigrama merecería ser estudiado por separado; pero ello escapa a nuestras posibilidades de espacio. Además, varios de ellos pueden ser inexistentes en iglesias poco numerosas. Por ello renunciamos a la explicación detallada. Sin embargo, creemos conveniente destacar las funciones propias de algunos de esos elementos, no porque sean los más importantes, sino porque son imprescindibles para asegurar un buen orden administrativo aun en las iglesias más pequeñas. Nos referimos a las funciones burocráticas de secretaría y tesorería.

Es responsabilidad del *secretario*:

— Llevar con la debida escrupulosidad el libro de actas de las asambleas administrativas (y otro del consejo de la iglesia si también fuese secretario del mismo).

— Mantener al día el libro registro de miembros, anotando en él con toda puntualidad los datos pertinentes, tales como los relativos a su filiación completa, fecha de ingreso en la iglesia y —si la hubiere— de baja por traslado, defunción o excomunión.

— Atender a la correspondencia de la iglesia que no sea estrictamente de carácter pastoral.

Toda esta documentación debe ser asimismo custodiada por el secretario con celo y seguridad.

Funciones del *tesorero:*

— Responsabilizarse y custodiar con las máximas garantías los fondos de la iglesia.

Es recomendable depositar dichos fondos en un banco o caja de ahorros abriendo una cuenta a nombre del tesorero y de uno o más miembros del consejo de la iglesia designados por éste.

— Efectuar los pagos acordados por el consejo de la iglesia.

— Anotar en el libro de caja todas las entradas y salidas que se produzcan.

Cuando el volumen o complejidad de las cuentas lo hace aconsejable, puede el tesorero ser asistido por un contable.

Un principio elemental de prudencia aconseja que en el momento de contar las ofrendas el tesorero sea asistido como mínimo por dos diáconos.

Una línea similar de cautela aconseja que el pastor se abstenga de asumir responsabilidades propias del tesorero. El manejo de dinero, salvo en casos muy especiales (Hec. 11:29, 30), fácilmente puede comprometer su ministerio.

Pero el hecho de que el pastor no intervenga directamente en las funciones de tesorería —al igual que en las de secretaría— no significa que haya de mantenerse totalmente al margen de las mismas. Más bien debe inspeccionarlas discretamente y, cuando sea necesario, orientar a los responsables del trabajo burocrático.

Acción directiva

No basta una estructuración atinada de la iglesia. Es necesario que los diferentes elementos de la estructura funcionen satisfactoriamente. Para ello tanto el consejo de la iglesia como los responsables de las diferentes actividades han de seguir los principios directivos fundamentales:

Planificación

Es vital reconocer que una iglesia cristiana es, sobre todo, una comunidad espiritual y que la dirección del Espíritu debe prevalecer sobre toda estrategia humana (Hec. 16:6-10). Pero esto no excluye la planificación. Pablo, siempre sensible a la guía del Señor, dedicó buena parte de su tiempo a trazar planes (Rom. 1:13; 15:22-28; II Cor. 1:15, 16).

En ninguna empresa humana se trabaja improvisadamente. Es preciso «anticipar los objetivos deseados y los problemas, así como las soluciones. Planificar es dar cuerpo al pensamiento, a los sueños y propósitos de tal forma que se lleguen a localizar, identificar y escalonar los actos y los resultados que conducirán a nuestros objetivos. Es elaborar los proyectos cuyo trazado nos proponemos seguir. Es administrar el empleo de nuestro tiempo, de nuestros recursos y de nuestro esfuerzo con el fin de realizar lo que queremos hacer» (1).

Conviene, no obstante, tener en cuenta que los proyectos deben ser mesurados, en consonancia con las posibilidades de realización. La megalomanía a la hora de planificar se convierte generalmente en fracaso a la hora de ejecutar.

La planificación es posible en todas las actividades de la iglesia. Tal vez la predicación es la única que debe mantenerse en un plano de mayor autonomía, libertad y espontaneidad, aunque la experiencia ha demostrado que series especiales de sermones sobre temas o textos bíblicos previamente determinados pueden ser también un gran acierto. Todas las restantes formas de trabajo aconsejan —más bien exigen— la elaboración de un plan, el cual resultará tanto más eficaz cuanto más minuciosamente se prepare.

La concreción de los planes es de máxima importancia. Muchos proyectos fracasan por su ambigüedad. Después de perfilar claramente los propósitos a lograr, deben precisarse con la misma claridad las líneas de acción, las personas que han de participar en ella, las responsabilidades de cada una, sus posibilidades en cuanto a tiempo, el material de que dispone y el modo de usarlo, etc. El descuido o defecto en cualquier parte de la planificación puede hacer fracasar el conjunto de la misma.

---

1. Dick Carlson, op. cit., p. 39.

Delegación de funciones

En cierto modo, este aspecto de la labor directiva queda incluido en la planificación, pero le damos un lugar propio por su especial relieve.

Ningún pastor puede hacer todo el trabajo de una iglesia. Ni siquiera un buen consejo de ancianos o de diáconos es capaz de lograrlo. El responsable principal de una sección de la iglesia tampoco es suficiente para realizar todo lo que la buena marcha de la misma exige. Esta realidad obliga a una delegación escalonada de funciones y responsabilidades. «Donde no existe delegación todo funciona lentamente y llega a la paralización» (D. Prime). Moody decía que preferiría poner mil hombres a trabajar que hacer él mismo el trabajo de mil hombres.

Evidentemente, todo acto de delegación implica un riesgo. Es posible que la persona a quien se encomienda una función no sea tan competente como el pastor o dirigente que delega, aunque esto no siempre sea así. Pero en cualquier caso, la delegación es insoslayable. Negarse a ella es atarse a obligaciones secundarias, a veces triviales, que impiden al dirigente cumplir eficientemente su misión primordial. El ejemplo ya mencionado de Moisés (Ex. 18:13-27) y el de los apóstoles ante el problema de las viudas en la iglesia de Jerusalén (Hec. 6:1-6) son ilustraciones decisivas al respecto.

No debe, sin embargo, procederse precipitadamente a la hora de delegar. No pueden otorgarse responsabilidades a quienes carecen de un mínimo de cualidades para llevar a cabo la tarea que se les encomienda. Cualquiera que sea el tipo de actividad que se desarrolla en la iglesia, es imprescindible que quien la realice reúna por lo menos los siguientes requisitos: a) Fe reconocida y buen testimonio cristiano. b) Sentido de responsabilidad, al que debe unirse el celo y la perseverancia. c) Capacidad, aunque sólo sea potencial, para la obra que se le ha de asignar. Los ejemplos mencionados de Moisés y los apóstoles confirman la necesidad de sumo cuidado en el momento de seleccionar colaboradores. Atención especial merecen los textos de Exodo 18:21 y Hechos 6:3.

Respecto a la delegación de funciones, hay un punto que no debemos omitir. Es el relativo a su *delimitación*. No sólo conviene precisar lo que cada uno debe hacer, lo que ya de por sí fija los límites de su actividad; debe concretarse igualmente el límite temporal de su responsabilidad.

Con las debidas excepciones, no son recomendables los cargos vitalicios. Pueden quedar incluidos en esas excepciones —aunque no necesariamente— los pastores o ancianos. Pero la experiencia hace aconsejable que los hermanos designados para cualquier otra responsabilidad lo sean para un período de tiempo determinado: de uno a cinco (como máximo) años. Transcurrido ese período, debe existir la posibilidad de remoción.

Salvo casos más bien raros, la permanencia en un puesto de trabajo agota las ideas y a menudo es causa de debilitamiento en la obra que debe realizarse. Por otro lado, en el transcurso del tiempo, suelen ir surgiendo nuevos valores, hermanos bien dotados para efectuar un relevo del que puede derivarse un mayor beneficio para la iglesia.

Si al final del tiempo prefijado, se estima que una persona sigue en buenas condiciones de servicio y que es preferible que continúe en su puesto, no hay razón para que obligatoriamente deba cesar. De no ser así, conviene que sea sustituida. Pero el cambio no resultará nunca embarazoso si ya estaba previsto como algo normal.

Más difícil es el caso en que se hace necesario el relevo a causa de la ineficacia o negligencia de quien aceptó una responsabilidad y no cumple su deber. Este problema exige mucha delicadeza. Lo ideal es hacer todo lo posible por que tal hermano reaccione positivamente. Es deber pastoral alentarle y ayudarle a fin de que, superadas sus dificultades, efectúe satisfactoriamente su labor. Pero cuando la reacción siga siendo negativa, sin esperanzas de enmienda, indudablemente se tendrá que proceder del modo más cristiano posible a la sustitución del colaborador inservible. Quizá el fracaso se ha debido a que el trabajo no correspondía a los dones de la persona, en cuyo caso un traspaso a otro campo de actividad cristiana puede ser una solución. Conviene, no obstante, asegurarse dentro de lo posible, de que en ese nuevo campo no va a repetirse la experiencia anterior.

Adiestramiento

Las personas escogidas para efectuar una labor determinada pueden carecer de la formación que fuera de desear para una actuación eficiente. Por tal motivo, deben buscarse todos los medios posibles para su mejor capacitación. El Señor dedicó la mayor parte del tiempo de su ministerio a instruir sólidamente a los apóstoles.

Creyentes que empiezan a predicar, maestros de escuela dominical, visitadores, responsables de departamentos o grupos, precisan, por lo general, de perfeccionamiento en sus actividades respectivas. De aquí la necesidad de clases sistemáticas o cursillos especiales de adiestramiento a cargo de personas suficientemente competentes de la propia iglesia o de fuera.

En la instrucción deben combinarse la parte teórica con la práctica. Y no debe olvidarse la necesidad de paciencia. Los maestros no se hacen en un día. Jesús necesitó años para formar a los apóstoles y aún al final de su aprendizaje revelaron no pocos defectos. Esperar la perfección es aspirar a lo imposible. No obstante, nadie debiera dar definitivamente por buena la mediocridad. La obra más gloriosa del mundo merece la más escrupulosa capacitación.

Control

No pocos planes magníficamente elaborados, iniciados con entusiasmo y por personas capaces y con medios y métodos de gran calidad, han fracasado en su realización. Una de las causas más frecuentes de esta experiencia ha sido la falta de inspección o control por parte de los órganos rectores superiores.

Fácilmente en el curso de toda gestión aparecen factores que la entorpecen y hasta pueden llegar a hacerla nula en sus resultados. La pérdida de la visión de los objetivos, la desviación de las directrices trazadas en la planificación, la negligencia, el desánimo o la inconstancia de las personas responsables de una actividad suelen ser causas, entre otras, de que nunca se lleguen a alcanzar los objetivos deseados.

Citando una vez más a Jowett, «pienso que sería útil, aunque sorprendente y quizás humillante, que se designara ocasionalmente una comisión de vigilancia que examinara concienzudamente los libros de actas de la iglesia con objeto de exhumar todas las resoluciones que, habiendo llegado a nacer, nunca se desarrollaron, y todas las que —por alguna causa desafortunada— fueron olvidadas y murieron por inanición o negligencia. El informe de tal comisión proporcionaría materia para una reunión sumamente importante y significativa... Sería una reunión sombría y melancólica. Sería como pasar una hora en un cementerio. Pero estoy seguro de que la experiencia no sería sin provecho...» (2).

Es imprescindible que quienes tienen la máxima responsabilidad de dirección se mantengan vigilantes y atentos a cualquier defecto en los diversos trabajos que se efectúan y tomen con tacto las medidas oportunas para subsanarlo.

Coordinación

Aunque sea volver a lo expuesto sobre el objeto de la organización, hemos de enfatizar la importancia de la coordinación, ahora como parte de la acción directiva.

Es posible que algunas personas trabajen bien en un departamento de la iglesia y que, sin embargo, la marcha del mismo sea insatisfactoria. También puede acontecer que algunos departamentos de la iglesia funcionen bien aislada-

---

2. *Op. cit.*, pp. 233, 234.

mente, pero que los objetivos globales de la iglesia no se alcancen. En cualquiera de los casos, la razón puede radicar en una excesiva autonomía de personas o departamentos, o bien en perjudiciales roces entre sí. El resultado siempre es una merma en el rendimeinto de la actividad de conjunto. En tales situaciones, los dirigentes situados en la cúspide de la estructura deben actuar con objeto de resolver los problemas y mantener la cohesión y armonía indispensables para una acción robusta de la totalidad del cuerpo que es la iglesia.

Revisión

Periódicamente —por lo menos una vez al año— debe procederse a una revisión de todo el trabajo efectuado. Con la máxima objetividad posible deben examinarse los resultados y ver hasta qué punto se han alcanzado las metas propuestas al principio del período, considerar tanto los éxitos como los errores y defectos y determinar las causas.

Un estudio de este tipo ha de completarse con unas conclusiones. Lógicamente se mantendrá cuanto a juicio de los dirigentes haya sido positivo y ofrezca perspectivas de seguir siéndolo y se corregirá o suprimirá todo aquello que se estime negativo. En algunos casos, bastará con estimular y dar nuevo impulso a la acción de cada persona o de cada departamento. En otros, tal vez será necesario modificar la estructura o la planificación, perfeccionar el adiestramiento, incrementar el control o prestar mayor atención a la coordinación. Toda experiencia del pasado ha de ser una contribución de primer orden para determinar la acción directiva de cara al futuro.

CUESTIONARIO

1. *¿Qué funciones administrativas considera indispensables en una iglesia, aunque ésta sea pequeña?*

2. *¿Cuáles son los elementos esenciales de la acción directiva?*

3. *Exponga las ventajas más importantes de la delegación de funciones.*

4. *¿Por qué es necesaria la función directiva de control?*

Capítulo XXIX

LAS RELACIONES HUMANAS EN LA GESTION DIRECTIVA

Ellas son las que ponen de relieve la capacidad de un dirigente. En pocas empresas —mucho menos en una iglesia— tiene éxito el «dictador». A la larga es imposible gobernar eficientemente usando medidas impuestas por un poder absoluto. Tampoco se puede caer en el extremo opuesto, en el principio fisiocrático de *laissez faire* (dejad hacer) aplicado radicalmente, de modo que toda actividad se deje a la iniciativa privada de cada persona. Entre esos dos extremos, el líder ha de moverse con tanta energía como tacto y delicadeza.

Estas cualidades deben ser aún más notables en la dirección de una iglesia, donde no caben recursos ajenos a su naturaleza. En una empresa industrial o comercial, los estímulos de posibles ascensos con las consiguientes mejoras económicas juegan un papel importante en la relación dirigente-dirigido. La posibilidad de sanciones de tipo diverso es otra baza en manos de un gerente. Pero en una iglesia no hay más estímulos que los puramente espirituales ni más coerción que la de la propia conciencia moral de cada uno. Por tal motivo, resulta más difícil conducir una iglesia que una sociedad mercantil y se exige de sus líderes el cumplimiento de las condiciones esenciales de toda buena dirección compatibles con el carácter del ministerio cristiano. De hecho, esas condiciones son las decisivas en cualquier clase de acción directiva.

Las resumimos a continuación.

Conocimiento de los seres humanos

Será bueno recordar aquí lo dicho en el capítulo XVI acerca de la primera característica del pastor, su conocimiento de la grey, y aplicarlo de modo especial a cuantos miembros se han de relacionar con él para efectuar el trabajo de la iglesia.

El dirigente ha de conocer a sus colaboradores, a cada uno de los componentes del consejo, junta, comisión o equipo que deba presidir. Debe estudiar el temperamento, las reacciones, las actitudes de cada uno, así como las consecuencias que se derivan de estos factores en las relaciones entre ellos y en la acción del conjunto. No transcurrirá mucho tiempo sin que descubra sus diferencias y afinidades. Casi en todos los grupos se encuentra la persona dinámica, entusiasta, aportadora de sugerencias. Se halla igualmente la persona menos impulsiva, pero fácil, abierta, comprensiva, excesivamente dócil, carente de capacidad crítica y de iniciativas propias; o la persona rígida, inflexible en sus ideas, prácticamente incapaz de colaborar cuando las decisiones no se ajustan a su particular criterio. Sólo teniendo en cuenta el hecho de la diversidad podrá el dirigente orientar su trabajo hacia una labor de conjunto en la que prevalezca la unidad.

No es menos importante recordar la complejidad de cada persona, a la que nos hemos referido en páginas anteriores, con sus contradicciones. En el mismo individuo pueden concurrir simultáneamente el afecto y la antipatía, el respeto y el resentimiento, el deseo de una mayor aproximación y la tendencia al distanciamiento, el espíritu de colaboración y el de oposición.

Las variaciones que suelen producirse en el comportamiento humano también han de ser tomadas en consideración. Fingermann, refiriéndose a un estudio de Joussain sobre el dinamismo de los grupos, observa «la facilidad con que (los grupos humanos) pasan de un estado de exaltación e impulsividad a otro de apatía e indolencia y viceversa», y llega a la conclusión de que esta alternancia es normal, determinada por la *ley del ritmo* (1). No debe, pues, el dirigente sentirse demasiado impresionado ni por las manifestaciones de euforia ni por los momentos bajos de depresión de aquellos con quienes ha de laborar. Procurará, no obstante, tener presente la mencionada ley para no exigir sobreesfuerzos que provoquen a su tiempo un excesivo agotamiento.

Atención a la persona

Muchas empresas se ven envueltas en serios problemas porque sus gerentes no han valorado suficientemente el elemento humano de los trabajadores. Cada productor es considerado como una pieza en el mecanismo de la organización; lo único que se valora en él es su rendimiento. Esto puede suceder también en la iglesia, con lo que se anula el espíritu eminentemente pastoral que debe presidir toda acción rectora.

Existen dos conceptos de grupo, a los que corresponden dos formas de relación, que debemos distinguir. En alemán se expresan con gran precisión al usar los términos *Gesellschaft* y *Gemeinschaft,* que podríamos traducir aproximadamente por *sociedad* y *comunidad*. En la primera predominan los intereses de la entidad, mientras que en la segunda se valora preferentemente la posibilidad de que cada miembro disfrute de una comunión y una solidaridad con los restantes miembros que le sean una fuente de satisfacción. Pues bien, la iglesia ha de ser —más que cualquier otra asociación humana— una comunidad, una auténtica manifestación de la *koinonia* del Nuevo Testamento.

---

1. G. Fingermann, *op. cit.*, 143.

La organización cumplirá más plenamente sus fines si las personas que han de ejecutar un trabajo determinado se sienten respetadas, amadas y atendidas. Por eso el pastor o cualquier dirigente en la iglesia tiene que preocuparse de quienes laboran bajo su dirección y prestar atención a sus problemas, sus inquietudes, sus crisis, al igual que a sus experiencias de gozo, sus anhelos, sus realizaciones.

Reconocimiento de sus necesidades sociales

De hecho, la comunidad sólo se logra plenamente cuando los miembros ven satisfechas una serie de necesidades básicas de tipo social. Louis Debarge menciona las siguientes: acción, integración, información, participación, estima, sostén y comunicación (2). Creemos que el sentido de cada una es tan claro que huelga extendernos en más amplias consideraciones. Sin embargo, el líder hará bien en meditar detenidamente en cada una de esas necesidades y ver hasta qué punto su actuación contribuye a que sean suplidas.

Capacidad integradora

El pastor, o quien asume funciones de dirección de cualquier tipo, ha de desarrollar su labor con personas diversas, como hemos visto. No sólo los temperamentos de tales personas difieren entre sí. También suele haber discrepancias en las ideas y en las actitudes, las cuales actúan con fuerza centrífuga entre los componentes del grupo. Para contrarrestarla se precisa de un poder centrípeto, de convergencia, que los mantenga cohesionados. Es el poder que debe distinguir a la persona situada en la cúspide de la dirección. Su intervención catalizadora hará que se resuelvan pugnas, se combinen puntos de vista distintos y se obtenga como resultado final una unidad de acción.

---

2. *Psicología y Pastoral*, Herder, p. 132 y ss.

Sin negarse a sí mismo, sin despojarse de sus propias ideas, debe renunciar a imponerlas a toda costa e incluso ha de situarse por encima de ellas. Con sincero respeto hacia las opiniones ajenas, se esforzará por ver todo lo que de positivo puede haber en las diferentes posiciones de los demás, aun lo aprovechable de lo negativo —que también puede haberlo— con objeto de aglutinar criterios y llegar a conclusiones que merezcan el beneplácito unánime de todos. El buen dirigente es experto en la dialéctica hegeliana; del enfrentamiento entre la tesis y la antítesis, hace surgir la síntesis. Naturalmente, sólo cuando ello es posible.

El capítulo 15 de los Hechos de los Apóstoles nos ofrece la ilustración práctica más perfecta de una difícil acción integradora.

Capacidad estimuladora

Los seres humanos —los cristianos incluidos— no gustan de ser empujados por la fuerza. Responden más fácilmente de modo positivo cuando son atraídos por un objetivo de su agrado. Las imposiciones casi siempre provocan resistencia. Los estímulos incrementan la diligencia y el entusiasmo indispensable para la consecución de un propósito importante. Especial eficacia tienen los móviles que proporcionan a un hombre la sensación de que es creador de algo importante, de que así su persona adquiere mayor realce y su vida un significado más digno.

En este terreno, los dirigentes de la iglesia cuentan con los alicientes más maravillosos. No pueden ofrecer ventajas materiales, pero sí lo que Dios mismo ofrece: los goces de una vida sublime, creadora, realmente digna de ser vivida, que además cuenta con promesas de alcance eterno (Mt. 19:27-29). ¿Puede haber empresa terrena que proporcione mayores alicientes que los «negocios» de nuestro Padre celestial? ¿Hay recompensa mayor que el gozo de saberse usado por Dios en la gran obra del Evangelio para la salvación

—en su sentido más amplio— de otros seres humanos y para la extensión del Reino de los Cielos en la tierra?

Si, bajo la dirección del Espíritu Santo, los líderes de una iglesia logran prender esos estímulos del corazón de sus hermanos, éstos realizarán cualquier sacrificio para cumplir la misión que se les encomiende.

La gloriosa motivación del Evangelio fue la fuerza que indujo a los primeros cristianos —con desprecio de sus intereses temporales y de sus propias vidas— a ser testigos de Cristo hasta lo último de la tierra.

Capacidad para aceptar sugerencias y críticas

No todas las personas situadas en posiciones de gobierno tienen esa virtud. Su hipersensibilidad y su amor propio les impide oír, directa o indirectamente, cuanto no se ajusta al esquema de sus propias ideas. Irritante en extremo les resulta toda forma de crítica, tras la cual ven siempre animosidad personal.

Tal tipo de reacción descalifica a un líder. Nadie es tan sabio, ni hace todas las cosas de modo tan perfecto, que no tenga necesidad de las sugerencias o de las observaciones críticas de otros. El dirigente auténtico no sólo las escucha con entereza, sino con gratitud. Las opiniones ajenas —atinadas o erróneas— siempre pueden contribuir a enriquecer las nuestras propias, a rectificarlas o a confirmarlas.

Aunque no todas las sugerencias pueden ser aceptadas, el dirigente aplaudirá tantas como pueda y las incorporará, con las modificaciones que convengan, en el desarrollo de su gestión. Una sugerencia aceptada estimula y atrae a quien la hace; una sugerencia secamente rechazada desanima y aleja. En el primer caso, se facilita la dirección; en el segundo, se entorpece.

En los casos en que la crítica revela sin lugar a dudas una actitud de oposición irrazonable, inspirada en motivos poco nobles, el dirigente tiene que mantener su estabilidad emocional, sobre todo en presencia de otros, y actuar con serenidad. En el momento oportuno procurará un contacto personal con el opositor a fin de resolver el problema. Si el resultado es negativo, continuará manteniendo su dominio propio con paciencia y espíritu de oración. Sólo en casos extremos debería pensarse en soluciones radicales que —por supuesto— deberían ser tomadas con el consenso de los máximos responsables de la iglesia.

En resumen: la clave decisiva para lograr relaciones fructíferas en la dirección de la iglesia es el fruto del Espíritu Santo (Gál. 5:22, 23).

Y sólo el poder del mismo Espíritu, con su acción vivificadora, puede hacer de toda estructura, de toda organización y de toda gestión rectora medios para hacer más eficaz el desarrollo de la vida de la iglesia, evitando así que se convierta en maquinaria pesada, fría, muerta.

CUESTIONARIO

1. *¿Por qué son especialmente importantes las relaciones humanas en la dirección de una iglesia?*

2. *¿Qué debe hacer el dirigente ante la diversidad de las personas con las que ha de trabajar?*

3. *¿Cómo ha de reaccionar ante la «ley del ritmo» en sus diferentes manifestaciones entre sus colaboradores?*

4. *Debe atenderse a la persona si quiere lograrse de ella un buen trabajo. Amplíe razonadamente este principio.*

5. *¿Cuáles deben ser las características principales del dirigente?*

Capítulo XXX

REUNIONES ADMINISTRATIVAS

Prácticamente todas las iglesias locales, sea cual sea la denominación a que pertenezcan, tienen reuniones más o menos periódicas para tratar los asuntos relativos a la vida de la congregación y sus actividades. Asimismo, el consejo de la iglesia y las diferentes juntas celebran sus propias sesiones a fin de estudiar, discutir y decidir cuantas cuestiones sean de su competencia. Tanto en un caso como en otro, el pastor —o quien actúe de presidente— ha de aportar su capacidad directiva para que tales reuniones se desarrollen con orden y efectividad.

Reuniones de iglesia

Su objeto

Puede variar según la forma de gobierno. La finalidad de algunas asambleas administrativas es casi exclusivamente informativa. Así sucede casi siempre en las iglesias en que sus consejos respectivos tienen amplias facultades de decisión, si bien las resoluciones más importantes de sus guías suelen ser sometidas a ratificación de la asamblea. En otros casos, las perrogativas del consejo de iglesia son más limitadas y las cuestiones más importantes son discutidas y decididas por el pleno de la congregación, aunque ésta, por regla general, trabaja sobre una base previamente preparada por el consejo.

Tanto la información como la discusión —si procede— y las decisiones finales pueden estar motivadas por los asuntos más diversos. Los más frecuentes, especialmente en las iglesias de tipo congregacional, son los concernientes a la situación y desarrollo espiritual, al estado económico, a proyectos especiales, gastos extraordinarios, casos de disciplina, admisión de nuevos miembros, elección de pastor, ancianos, diáconos u otros oficiales designados para asumir otras responsabilidades especiales.

Su importancia

Son muchos los miembros de la iglesia que subestiman las asambleas administrativas. Con una apreciación errónea de lo que la vida de la iglesia significa, opinan que lo único valioso para ellos es el culto. La bendición espiritual que de él reciben justifica su asistencia y participación en él. En cuanto a las reuniones administrativas, no tienen el menor interés. Opinan que su presencia es innecesaria. Tienen plena confianza en quienes dirigen la iglesia y lo que ellos y los demás hermanos presentes decidan lo darán por bueno. Después es frecuente oírles hacer comentarios poco edificantes que revelan su desconocimiento de lo tratado en la asamblea o criticar desconsideradamente lo que en ella se dijo y se acordó.

Pero, consideraciones negativas aparte, la importancia de las sesiones administrativas se desprende de la naturaleza de la iglesia y su ministerio. No puede establecerse una dicotomía —que sería funesta— entre lo espiritual y lo administrativo. En la iglesia, todo —incluido lo material— tiene un carácter sagrado. Todo contribuye al sostenimiento y extensión de la obra de Dios. Sólo la incomprensión o la indiferencia pueden mantener a un miembro ausente de su congregación en el momento en que ésta examina su situación y toma sus decisiones.

El pastor debe enfatizar estos hechos una y otra vez con objeto de evitar que se debilite en los creyentes el sentido de solidaridad y responsabilidad comunitaria.

Su preparación

Las reuniones administrativas pueden ser ordinarias o extraordinarias, según se celebren en fechas y con un orden del día previstos o, por el contrario, sean motivadas por asuntos imprevistos y urgentes.

Tanto en un caso como en el otro, la reunión debe ser formalmente convocada y anunciada, por lo menos, en el culto más concurrido del domingo anterior a la asamblea. Para las reuniones ordinarias es conveniente hacer la convocatoria con un mínimo de dos semanas de antelación, señalando el día y la hora de la sesión, así como el orden del día correspondiente.

Por supuesto, cualquier asunto que deba ser presentado a la consideración de la asamblea, tiene que haber sido previamente estudiado a fondo por el consejo de la iglesia (1). De modo especial el presidente (normalmente el pastor) ha de estar bien informado y en condiciones de razonar las propuestas o recomendaciones que el consejo tuviera que presentar, así como de responder a las preguntas que se le pudieran hacer. Muchas reuniones administrativas han resultado pesadas, difíciles, a veces desastrosas, por haber faltado la preparación indispensable.

Su desarrollo

Es aconsejable que un breve período devocional preceda a la parte propiamente administrativa.

---

1. Los nuevos asuntos que pudieran surgir en el curso de una asamblea no deben, por lo general, discutirse en la misma sesión; suele ser preferible tomar nota de ellos para su estudio y posible exposición en una reunión ulterior.

A continuación debe darse lectura al acta correspondiente a la asamblea anterior, después de lo cual habrá lugar para que, si procede, se hagan las enmiendas oportunas.

Seguidamente puede informarse de los estados de cuentas de la iglesia, sobre los que debe recabarse la aprobación de la misma previa la respuesta a cualquier pregunta que en relación con los mismos se pudiera hacer a la presidencia.

Parte importante de una sesión de negocios puede ser la información relativa a las actividades de la iglesia, a sus planes de acción, a sus problemas y necesidades. En tal información debiera privar siempre la objetividad exenta de triunfalismos.

Además es recomendable dar lugar a que la asamblea se manifieste y haga sus observaciones sobre lo expuesto.

Después de la información, deben presentarse uno tras otro los asuntos enumerados en el orden del día. A la presentación de cada uno hecha por la presidencia, seguirán las intervenciones de los miembros para expresar su opinión. La discusión, si la hay, debe ser dirigida con serenidad, elasticidad y firmeza combinadas, de acuerdo con las normas parlamentarias generalmente reconocidas como básicas e imprescindibles para el buen orden (2). Aquí la habilidad del pre-

---

2. Son famosas las reglas de orden de Robert (*Robert's rules of order*). Pero puede ser suficiente que un pastor conozca tan sólo las reglas más elementales. Es adecuado el resumen que hace Alejandro Treviño en su libro *El predicador*: «*a*) Presentar los asuntos por medio de proposiciones verbales o escritas. *b*) Discutir sólo las proposiciones secundadas. *c*) No admitir nueva proposición mientras la primera esté en pie, con excepción de la que se haga para reformarla, aplazarla o referirla a una comisión para su estudio. Suele también admitirse la de levantar la sesión. Estas proposiciones no se discuten. Se ponen a votación tan pronto como son secundadas. *d*) Cada miembro tiene derecho de hablar sólo dos veces sobre el mismo asunto. Se requiere el consentimiento de la iglesia para concederle de nuevo el uso de la palabra. *e*) No permitir que se introduzcan asuntos ajenos al que está a discusión. *f*) Toda proposición debe explicarse bien

sidente es decisiva para evitar que la reunión se prolongue más de lo estrictamente necesario, caiga en el tedio o se agite peligrosamente.

Oídas todas las intervenciones, si procede tomar una decisión, el presidente debe disponer la votación de acuerdo con las normas establecidas por la propia iglesia. Se presupone que la minoría acatará noblemente la decisión de la mayoría.

Las sesiones ordinarias suelen acabar con un período dedicado a ruegos y preguntas o exhortaciones.

De todo lo tratado y acordado, el secretario levantará acta que se presentará para su aprobación en la asamblea siguiente.

Reuniones de junta

Son las celebradas por el consejo de la iglesia o por cualquiera de las juntas que dirigen sus diversos departamentos.

Fundamentalmente no difieren de las reuniones administrativas de iglesia sino en su carácter más restringido, tanto por el número de miembros que participan en ellas como por la autoridad con que toman sus decisiones, ya que las más trascendentales suelen (en muchas iglesias deben) ser sometidas al pleno de una asamblea.

Pero las funciones propias de esos órganos rectores confieren a sus reuniones una capital importancia. Tales órganos son —en el aspecto humano— los motores de la iglesia. Los miembros que los componen, aun individualmente, deben ser propulsores de sus actividades diversas. Pero es en su actuación conjunta donde radica la mayor fuerza de su gestión. Ello hace imprescindible la celebración de reuniones periódi-

---

antes de tomar la votación. g) La votación se toma primero por la afirmativa y en seguida por la negativa. h) Los asuntos se deciden y terminan por el voto de la mayoría... Generalmente el presidente no vota sino cuando su voto sirve para decidir un empate o cuando la votación se hace por papeleta.» (Pp. 93, 94.)

cas en las que se estudia cuanto afecta a la iglesia (o al departamento correspondiente) y se toman las resoluciones que se estiman más convenientes. Si en tales reuniones prevalecen el amor a Cristo y a los hermanos, el celo por la extensión del Evangelio, el entusiasmo, la abnegación y el espíritu de unidad, la iglesia prosperará. Si, por el contrario, se desarrollan en un clima de rutina, tibieza, desánimo o con espíritu de rivalidad, lo más probable es que la iglesia decaiga y quede sumida en un estado de enervamiento espiritual.

Aquí una vez más tenemos que destacar la necesidad primordialísima de la presidencia suprema del Espíritu Santo, sin la que todos los esfuerzos humanos resultan estériles. No se pierda de vista que en Él se encuentra el origen de toda fuerza auténticamente motriz que impulsa a la Iglesia. Pero, como ya vimos, su presencia y presidencia no excluyen el orden; más bien lo exigen.

Es por esta razón por lo que ninguna sesión de consejo (o junta) debiera tener lugar sin una preparación y dirección concienzudas. También estas reuniones han de ser convocadas y preparadas adecuadamente; deben desarrollarse de acuerdo con un orden del día que, con las variantes que procedan, siga una línea semejante a la expuesta para las reuniones de iglesia. También tienen que observarse —aunque quizá con menos rigurosidad— las reglas parlamentarias y ha de registrarse lo tratado y acordado en un libro de actas.

El buen proceso de la reunión depende en gran parte de la disposición física, mental y espiritual de quienes participan en ella. Ello hace aconsejable atenerse a algunas recomendaciones:

De carácter físico

Evítense los lugares con luz insuficiente y sin ventilación. En estas circunstancias, la mente se embota fácilmente y pierde gran parte de su capacidad.

— Procúrese no prolongar la reunión cuando se observan síntomas evidentes de cansancio. Es más aconsejable levantar la sesión para continuarla otro día a la mayor brevedad posible.

— Utilícense asientos cómodos (no necesariamente lujosos). La incomodidad prolongada ejerce una influencia irritante sobre los nervios, factor peligroso en momentos de discusión. La disposición de los asientos alrededor de una mesa —y aun sin ella, pero en forma más o menos rectangular o circular— facilita el diálogo.

De carácter espiritual

Indudablemente son de mayor entidad que las de tipo físico. Es decisivo que los miembros de junta participen en sus sesiones con una predisposición adecuada. Si llegan a la reunión agobiados por las preocupaciones del día, por conflictos laborales, familiares o personales, su aportación será muy probablemente pobre, defectuosa o incluso irrazonablemente negativa tanto en sus palabras como en sus actitudes. De aquí la conveniencia de dedicar la primera parte de la reunión a prepararse todos espiritualmente mediante la lectura de un texto de la Palabra de Dios, un breve comentario sobre el mismo y un período de oración. Un miembro del consejo de una iglesia evangélica libre de Suiza refería hace tiempo al autor cómo la introducción de esta práctica había transformado las reuniones de tal consejo haciéndolas mucho más ágiles y armoniosas.

No podemos concluir este capítulo sin mencionar el ideal a que debiera aspirarse en toda reunión en la que se delibera y toman decisiones que afectan a la vida y misión de una congregación cristiana. Ese ideal lo hallamos en el magnífico ejemplo registrado en Hechos 15. Por espinosas que fuesen las cuestiones debatidas, al final siempre debería poder decirse: «Ha parecido bien al Espíritu Santo y a nosotros...» (Hec. 15:28). Esta identificación entre Espíritu e Iglesia en días apostólicos libró a la cristiandad de un desastre a la par que le dio un mayor impulso misionero. Y puede obrar maravillas semejantes en las iglesias de nuestros días.

CUESTIONARIO

1. *Mencione algunos de los antecedentes novotestamentarios de las reuniones administrativas de iglesia.*

2. *¿Cómo deben prepararse tales reuniones?*

3. *Detalle las normas que considere básicas para el buen desarrollo de una asamblea administrativa.*

4. *¿Cuál debería ser la predisposición espiritual de cuantos participan en una sesión sobre problemas o necesidades de la iglesia?*

Capítulo XXXI

LA DIRECCION DEL CULTO

Las funciones directivas del pastor, trascendiendo toda acción administrativa, hallan su más alta esfera en las actividades cúlticas. El pastor no es solamente director de una santa empresa; es también prepósito de una comunidad de adoradores. Esta faceta del quehacer ministerial es una de las más radiantes, pero al mismo tiempo una de las más exigentes.

Se espera que cada culto depare a cuantos participan en él una experiencia de auténtico encuentro con Dios. Puede ser el culto fuente inefable de gozo, de adoración, de conocimiento esclarecedor, de reflexiones fecundas —aunque a menudo dolorosas—, de desahogo espiritual, de consuelo, de estímulo. Puede ser, asimismo, una hora de conflicto, de tensiones tremendas, un punto de encrucijadas en que se tomen las decisiones más trascendentales.

Los resultados dependen de muchos factores. Mientras la iglesia está congregada, actúa Dios por medio de su Espíritu y de su Palabra; pero también están en acción fuerzas malignas que nos incitan de continuo a la incredulidad, a la duda, a la indiferencia o al autoengaño. Y también interviene el ministro. Por supuesto, la responsabilidad final del resultado en cada persona recae sobre ella misma. Pero no es cosa de poca monta la parte que el dirigente tiene en el fruto o en la esterilidad del culto.

Lo que acabamos de decir no se refiere únicamente a la predicación, sino a todas y cada una de las partes del servicio religioso. Muchos buenos sermones han sido malogrados por la irreverencia, o por la pobrísima calidad del resto del culto. De aquí la conveniencia de algunas líneas orientativas sobre el modo de conducirlo.

Observaciones generales

Desde el primer momento, todo ha de contribuir a crear una atmósfera espiritual propicia a la comunión con Dios. Sea cual sea el lugar en que la iglesia se congrega, un templo impresionante o una sencilla sala, ya antes de que el culto empiece tendría que respirarse reverencia y espíritu de oración. A tal efecto es imprescindible la educación de los miembros de la iglesia.

Dentro de la gran diversidad que puede haber — y que hay según las diferentes tradiciones eclesiásticas—, deberían mantenerse en todo culto unas constantes equilibradas de solemnidad, orden, sencillez, naturalidad y calor de vida espiritual.

No es recomendable la introducción de elementos jocosos, a pesar de lo populares y atractivos que resultan en algunos lugares. Pero igualmente debe huirse de una seriedad mal entendida que dé a todos los cultos aspecto de funeral. Un gozo serio y una seriedad gozosa debieran presidir toda reunión en la que se adora a Dios y se escucha su Palabra.

Un defecto que debe evitarse es la rutina, pues influye negativamente en la temperatura espiritual. Este mal es tan frecuente en iglesias con liturgia minuciosamente elaborada como en las de tipo libre, donde predomina la espontaneidad. También en muchas de estas últimas es fácil prever el orden invariable que va a seguirse y las frases estereotipadas que, monótonamente, van a servir de introducción a cada una de las partes del servicio.

Tanto los cultos con liturgia como los que carecen de ella han de ser preparados cuidadosamente. Ha de evitarse a toda costa que caigan en la servidumbre de usanzas tediosas o en la de una improvisación fruto de la negligencia. Sería intolerable que un predicador ocupara el púlpito sin llevar, aunque sólo fuese mentalmente, un bosquejo de su sermón. Igualmente injustificable es que el pastor —o la persona que le sustituya— dé principio a un culto sin haber pensado atentamente y decidido el modo de presentar cada uno de los elementos que forman parte del acto cúltico o se incorporan a él.

Posiblemente ni la imaginación más exuberante logrará una diversidad tal que haga de cada culto una novedad. Tampoco es necesario. Un servicio religioso no tiene como finalidad exhibir el talento imaginativo de quien lo dirige, sino glorificar a Dios y ser medio de bendición a quienes participan en él; su naturaleza y fines imponen unos límites; pero dentro de ellos, vale la pena buscar un mínimo de variedad.

Aún más decisivo que la diversidad y la meticulosidad con que se ha preparado la totalidad del culto es el espíritu con que se dirige. Ese espíritu debe revelar unción de lo alto desde los momentos iniciales, lo que únicamente se logra si antes se ha pasado un tiempo de comunión con Dios. Aquí no valen sucedáneos de factura humana. Ni el entusiasmo, ni las formas de solemnidad piadosa, ni la entonación —todo lo cual está expuesto al artificio— pueden sustituir lo que realmente da dignidad y valor a la conducción de un culto: el sentimiento de que se está en la presencia de Dios. Esto origina inevitablemente una tensión, aunque frecuentemente y de modo paradójico vaya acompañada de una sensación de paz. Es la tensión que produce un elevado sentido de responsabilidad. Y no es fácil comprender que un pastor llegue a verse libre de ella, por más años que lleve en el ministerio.

Partes del culto

De acuerdo con lo señalado anteriormente, puede ser preferible no encadenarse adoptando un orden determinado. La libertad cristiana también debe tener acceso al santuario. Pero cualquiera que sea la disposición de las partes del culto, cada una debe alcanzar la máxima calidad espiritual. Nos referiremos brevemente a las más comunes.

El canto

Desde tiempos remotos, los cánticos han ocupado un lugar destacado en la adoración a Dios. En Israel, muchos de los salmos eran cantados total o parcialmente por el pueblo. En las iglesias apostólicas, el canto era normal (I Cor. 14:15; Col. 3:16) (1) y siguió siéndolo en siglos posteriores. Lutero lo usó como elemento valiosísimo para impulsar la Reforma. Algo análogo hizo Calvino para la edificación de las iglesias reformadas, aunque dando preferencia a los salmos del Antiguo Testamento como contenido. Himnos inmortales resonaban en las reuniones de los grandes avivamientos. Y todavía hoy, para muchos creyentes, el himnario es el libro más querido después de la Biblia. ¡Lástima que tanto en España como en Hispanoamérica la mayoría de los himnos sea aún excesivamente pobre, tanto desde el punto de vista poético como desde el musical!

La selección de cánticos ha de efectuarse según el tema de la predicación, en torno al cual debiera girar todo el culto. Esta observación es de particular importancia en lo que concierne al himno que haya de cantarse después del sermón.

---

1. Al parecer, algunos de los grandes textos del Nuevo Testamento eran himnos mediante los cuales la Iglesia expresaba puntos fundamentales de su fe. Por ejemplo, Fil. 2:6-11; I Tim. 3:16; II Tim. 2:11-13, etc.

En las iglesias que tienen coro, nunca éste debiera suplantar a la congregación en su privilegio de cantar sus alabanzas a Dios. Por otro lado, la participación del coro o el canto de solos, dúos, cuartetos, etc., debiera ser un medio más para la inspiración espiritual de los oyentes, jamás una exhibición vanidosa de arte musical.

La lectura bíblica

Puede haber más de una. Cuando, además de la porción bíblica sobre la cual se va a predicar, se escoge otro texto adicional, éste debiera estar en consonancia con aquélla.

Es esencial que se lea con la máxima corrección. Defectos en la pronunciación, en la entonación, en los énfasis o en las pausas influyen siempre desfavorablemente. Por el contrario, una lectura en la que se ponen a contribución no sólo los órganos fonéticos, sino la inteligencia y los sentimientos, una lectura en la que se hace vivir el contenido del texto, puede ser tan cautivadora como el más elocuente de los sermones.

La oración

En las iglesias en que se ora espontáneamente, no debería confundirse la espontaneidad con la ausencia total de ideas en el momento de empezar la oración. Si no quiere caer en tópicos trillados y en innumerables frases de molde, que van repitiéndose domingo tras domingo hasta la saciedad, el pastor debe pensar con antelación en los puntos básicos de sus oraciones públicas. Infinidad de veces tendrá la experiencia de que, mientras ora, le vienen ideas, sentimientos y motivos de plegaria imprevistos. La acción del Espíritu Santo puede introducir en la oración tantos elementos nuevos como en la predicación, sin que ello excluya tanto en un caso como en otro la conveniencia de una preparación previa.

Sin duda, el primer requisito de la oración en público es la sinceridad. Debe brotar de un corazón que siente lo que los labios dicen.

No ora el pastor en nombre propio; lo hace dando expresión —hasta donde esto es humanamente posible— al sentir de la congregación, aunque al mismo tiempo la guíe tanto en la alabanza como en la confesión, las súplicas y la intercesión.

El contenido estará inspirado en los grandes temas de la Biblia: la majestad de Dios, lo maravilloso de sus obras, las riquezas inescrutables de su gracia, su fidelidad, sus promesas, la persona y la obra de Jesucristo, la acción del Espíritu Santo, la vida cristiana con sus bendiciones y sus problemas, el pecado que hemos de confesar, la esperanza del triunfo final de la gracia, las glorias de la escatología cristiana y muchos más.

Factores determinantes del contenido de la oración deben hallarse también en las circunstancias especiales que pueden concurrir en muchos casos y que afectan vivamente a la iglesia: sus proyectos, sus logros, sus necesidades, sus debilidades y pecados, su necesidad de constante renovación para responder dignamente a la vocación divina. Ocasionalmente los problemas de la ciudad, del propio país, de otros países o del mundo entero tendrán igualmente cabida en la oración del culto.

Por lo que respecta a la voz, hemos de enfatizar la naturalidad como factor que no debe descuidarse. Resulta incomprensible —a veces ridículo— que una persona use al hablar con Dios un tono diferente del que normalmente usa al hablar con sus semejantes. Hay que evitar tanto la entonación «catedralicia» como la «tribunicia». Ni voces excesivamente solemnes o quejumbrosas ni clamores desmesuradamente fogosos o estridentes. Al igual que la predicación, la oración tiene que distinguirse por la llaneza en sus formas de expresión. Su grandeza radica en el contenido y en el espíritu que la inspira.

El sermón

En las iglesias evangélicas, la predicación es la parte más prominente del culto. Esta práctica concuerda con lo que sabemos de las iglesias apostólicas, en las que la comunicación del mensaje de Dios ocupaba un lugar de primacía (I Cor. 14:1-4). Este especial relieve de la predicación ha sido, sin duda, la causa de que muchas iglesias protestantes hayan dado al púlpito un lugar central en sus templos.

Sin menoscabar la entidad de las otras partes, es lógico que el sermón sea considerado como el tuétano del culto. Siempre lo que Dios nos diga a través de la exposición de su Palabra será más importante que lo que nosotros podamos decirle a Él mediante nuestros cantos y oraciones.

No vamos a entrar en consideraciones sobre la predicación en sí, pues ello nos llevaría a la repetición de ideas, principios y observaciones que el lector encontró ya en el primer volumen de esta obra. Nos limitaremos únicamente a recordar y recalcar que el sermón, a diferencia de la lección dada en una clase o de una conferencia, es un mensaje que tiene por objeto enfrentar al oyente con Dios y moverle a una respuesta a su Palabra.

La ofrenda

Muchas iglesias dedican una parte del culto a recoger las ofrendas de sus miembros destinadas a su propio sostenimiento económico o a otros fines propios de una comunidad cristiana, como puede ser el apoyo a causas misioneras o filantrópicas.

No existen motivos suficientemente poderosos para renunciar a esta práctica, ni siquiera la presencia en el culto de personas no creyentes. Pero es conveniente destacar su carácter, eminentemente espiritual en el fondo. La ofrenda no es sólo un testimonio de solidaridad. Es el reconocimiento por parte del creyente de que todo lo que somos y poseemos procede de Dios. Es una manifestación de gratitud a Dios y de dedicación a la causa del Evangelio. Por todo ello, tiene honrosa cabida en el culto.

Los anuncios

Es costumbre bastante generalizada dedicar unos minutos a anuncios diversos. Esta es tal vez una de las partes que más se deben cuidar. De lo contrario, se produce una ruptura del hilo espiritual del culto. Es innegable que muchos de los anuncios que se hacen desde el púlpito, por su naturaleza o por sus detalles, constituyen un elemento extraño y, por consiguiente, de efectos disruptivos. Esta es la razón por la que algunas iglesias han optado por suprimirlos totalmente insertándolos en el boletín informativo que se distribuye a la salida.

Hay, sin embargo, hechos, acontecimientos, actividades, proyectos que, por su entidad, conviene presentar con ocasión del culto. En este caso, los anuncios fácilmente pueden adquirir un matiz de estímulo o edificación que los eleva casi a la altura del canto, la oración o la predicación.

Si la iglesia no edita boletín dominical, pueden fijarse por escrito en lugar bien visible aquellos anuncios, notas y observaciones que estén menos en consonancia con el carácter del culto.

En cuanto al momento que ha de dedicarse a la información, cada pastor escogerá el que estime más adecuado; pero la experiencia aconseja que nunca sea la parte final. Después de la predicación, nada tendría que distraer la mente de quienes la han escuchado. Las reflexiones, a menudo serias y profundas, originadas por la exposición de la Palabra de Dios, no debieran ser interrumpidas por otros elementos de tipo inferior. La última impresión con que salga una persona del culto debiera ser siempre la dejada por el mensaje de la Palabra y la oración.

Cultos especiales

Además de los cultos normales celebrados cada domingo (y en muchas iglesias el de oración otro día de la semana), toda iglesia tiene con mayor o menor frecuencia servicios de carácter especial, tales como los de bautismo, cena del Señor, bodas, entierros, conmemoraciones, etc.

La diversidad teológica y de formas de las diferentes iglesias nos impide sugerir modos de dirigir tales servicios. Pero creemos importante añadir algunas observaciones suplementarias a las generales expuestas anteriormente.

a) *Debe tenerse muy en cuenta el motivo y las circunstancias particulares del culto.* El autor recuerda la concentración de varios centenares de personas —en su mayoría miembros de varias iglesias— reunidas en el campo para pasar un día de confraternidad cristiana. Había de culminar la jornada con un culto al aire libre. El entusiasmo del canto en los momentos iniciales hacía prever una hora grande. Pero el predicador, sin prestar la menor atención al marco ambiental en que el culto se celebraba, se limitó a predicar un breve sermón sobre la providencia de Dios que en el servicio normal de cualquier iglesia habría sido medianamente aceptable, pero que en aquella ocasión dejó fría y vacía a la multitud.

En algunos cultos nupciales, apenas se menciona el significado cristiano del matrimonio, sus bendiciones y sus deberes. Se pierde de vista a la pareja que va a casarse y se piensa casi exclusivamente en las muchas personas nuevas a las que se quiere inyectar una dosis masiva de «Evangelio para inconversos».

Algo semejante sucede a veces con motivo de un funeral, como apuntamos en el capítulo XXI. No negamos la necesidad de tener en cuenta la presencia de inconversos en cualquier culto especial y el deber de exponer la Palabra de Dios de modo que pueda producir impacto en ellos. Pero esto se logra a menudo de modo mucho más efectivo si con naturalidad y un mínimo de profundidad se presentan las grandes enseñanzas de la Biblia relativas al motivo especial del culto.

b) *Lo imprescindible de una preparación meticulosa* en los casos en que sea necesaria.

Piénsese, por ejemplo, en un culto de bautismos en una iglesia en la que esta ordenanza del Señor se practica por inmersión. Hay multitud de detalles que han de estar debidamente previstos si no se quiere que el culto resulte desordenado y hasta irrisible. La provisión adecuada de túnicas tupidas, la instrucción de los que han de ser bautizados en cuanto al momento y la forma en que han de ser sumergidos, la cantidad y la temperatura del agua, la determinación de la persona —o personas— que han de acompañar a la que ha de ser bautizada hasta el bautisterio y después cuando salga de él, etc. Cualquier preparativo debe estar concluido por lo menos quince minutos antes de que dé comienzo el culto.

Análoga meticulosidad debe observarse respecto a las partes de un culto nupcial. En tal tipo de servicio suele darse importancia a la ornamentación floral. Es recomendable que ésta no resulte extravagante y mucho menos discriminatoria en comparación con otras bodas celebradas en la misma iglesia.

De gran importancia para el buen desarrollo de la ceremonia de enlace es que previamente el pastor —quien, sin duda, habrá orientado a los contrayentes antes de la boda en los puntos más importantes de las relaciones matrimoniales— les instruya también en cuanto a los pormenores del acto ceremonial.

3) *Ningún culto especial debe dejar de ser un culto.* En ningún caso debe permitirse que éste se convierta en un acto social en el que unas personas determinadas ocupen el lugar más destacado. El centro y la máxima relevancia corresponden a Dios y a El debe tributarse la suprema gloria.

De todo lugar en que se celebra un acto de adoración y exposición de la palabra debieran poder decir cuantos asisten a él: «Es casa de Dios y puerta del cielo» (Gén. 28:17).

CUESTIONARIO

1. Señale las razones por las cuales todo culto debe prepararse y desarrollarse con el máximo esmero.

2. Haga un análisis crítico de los cultos de alguna de las iglesias que usted conoce.

3. ¿Qué requisitos, en su opinión, deben reunir los himnos que se cantan en un culto?

4. ¿Cuáles han de ser las características de un culto considerado en su conjunto?

Capítulo XXXII

LA IGLESIA LOCAL Y LA EVANGELIZACION

Tres aspectos esenciales de la vida de la iglesia: la evangelización, la enseñanza y la comunión, constituyen otros tantos campos en los que el pastor —bajo la suprema guía del Espíritu Santo— ha de desarrollar funciones directivas.

La interrelación de esas tres manifestaciones de vida eclesial no debe perderse de vista. Se dan simultáneamente y se complementan entre sí, hasta el punto de que cualquier defecto en una de ellas repercute indefectiblemente en las demás. Sin embargo, a fines didácticos, vamos a separarlas.

Por lo que concierne a la evangelización y la enseñanza, consideradas desde el punto de vista bíblico-teológico, remitimos al lector al capítulo I. Cuanto exponemos en éste y en el siguiente se refiere más bien a sus facetas prácticas.

Responsabilidad de la Iglesia en la evangelización

Reiteremos lo señalado al principio de esta obra. La tarea de anunciar el Evangelio no es exclusiva de los ministros. Está encomendada a todo el pueblo de Dios. Todo cristiano es llamado a ser un testigo de Cristo. Toda iglesia local ha de sentir una honda preocupación por la salvación de los inconversos. Como bien decía Campbell Morgan, «una iglesia evangélica es necesariamente evangelística». Lo es en razón de la orden recibida por la Iglesia de labios de su Señor (Mt. 28:18-20).

Lo es, asimismo, por el imperativo de una fuerza espiritual. Cuando el amor de Cristo nos constriñe, nos convertimos en sus embajadores (II Cor. 5:14, 15, 20). «No podemos dejar de decir lo que hemos visto y oído» (Hec. 4:20). Esta fue la energía generada por el Espíritu Santo a partir de Pentecostés que induciría a los discípulos a anunciar el Evangelio en todas partes, a pesar de todos los riesgos (Hec. 8:4).

De aquí que toda iglesia sana es una iglesia que evangeliza. De un modo u otro, todas sus actividades rezumarán testimonio de Cristo ante el mundo; desprenderán el «olor de su conocimiento» (II Cor. 2:14). Esto no depende tanto de unos planes o de unos métodos —aunque éstos tengan también su lugar, como veremos—, sino de la intensidad de vida espiritual de sus miembros. Cuando se vive en la plenitud del Espíritu Santo, la evangelización en una u otra forma es inevitable.

Lo que acabamos de exponer ha de tenerse muy presente para no caer en el error de aislar la evangelización desgajándola del conjunto de la vida de la iglesia, con lo que fácilmente puede dejar de ser acción nacida del Espíritu para convertirse en obra de la «carne». Michael Green expresó este peligro muy objetivamente en el Congreso Internacional sobre Evangelización celebrado en Lausana en 1974: «No se puede aislar la predicación de la Buena Nueva sin destruirla. No se puede seguir siendo fiel al Nuevo Testamento y decir: "La evangelización es primordial; la comunión, la adoración y el servicio son completamente distintos y no tienen nada que ver con ella." No tenemos ninguna libertad para separar lo que Dios ha juntado. Somos llamados a ser la iglesia tanto como a proclamar la Buena Nueva. Las dos cosas están indisolublemente unidas. Cuando la adoración, la enseñanza, la oración, la comunión de la iglesia primitiva de Jerusalén eran ardorosas fue precisamente cuando Dios aumentaba diariamente el número de sus componentes» (1).

Otro peligro del que toda iglesia debe huir es la valoración del trabajo evangelístico por los resultados, pues tal valoración nos impele a lograr «conversiones» sea como sea, incluidas técnicas contrarias a los fundamentos bíblicos de la evangelización.

Somos responsables de la fidelidad con que cumplimos la gran comisión de Cristo a su Iglesia, pero no de los logros. El fruto cosechado por Pablo en Atenas no fue demasiado alentador (Hec. 17:32-34). Por supuesto, la ausencia de resultados debe movernos a examinarnos a nosotros mismos y tratar de descubrir posibles defectos o pecados con actitud humilde de arrepentimiento. Pero mantenernos en la idea de que siempre que evangelizamos ha de haber una respuesta positiva al Evangelio por parte de los inconversos es ir más allá de lo que el Nuevo Testamento nos enseña. Tal error suele producir uno de estos dos defectos: o desánimo o activismo desenfrenado.

En el fondo, puede ocultarse un espíritu triunfalista, un afán de vanagloria, una debilidad ante aureolas estadísticas que nos lleva a aquilatar el valor del ministerio evangelístico por el número de «decisiones» que se consiguen mediante él. Cuando tal cosa sucede, no hemos caído en un error; hemos caído en un pecado que hemos de confesar y al que debemos renunciar.

Sorteados los escollos de una evangelización inconexa o excesivamente preocupada por sus logros, podemos pensar en los diferentes modos de hacerla más efectiva.

Metodología de la evangelización

El aforismo de que Dios no usa métodos sino personas contiene mucho de verdad. El Nuevo Testamento poco o nada

---

1. *Let the earth hear his voice*, p. 175.

nos dice de técnicas evangelísticas. La evangelización se llevaba a cabo de modo natural porque los creyentes vivían realmente en un plano sobrenatural. Como declaró Richard C. Halverson en el Congreso Mundial sobre Evangelización celebrado en Berlín en 1966, «la evangelización nunca pareció en el Nuevo Testamento ser una cuestión inquietante. Es decir, no hallamos a los apóstoles apremiando, exhortando, reprendiendo, planeando u organizando programas evangelísticos. En la iglesia apostólica, la evangelización era algo que se daba por descontado y funcionaba sin técnicas o programas especiales. La evangelización simplemente acontecía. Fluía sin esfuerzo de la comunidad de creyentes a semejanza de la luz que irradia el sol; era automática, espontánea, constante, contagiosa» (2). Y, a renglón seguido, cita Halverson palabras no menos significativas de Roland Allen: «Lo que hallamos en el Nuevo Testamento no es un llamamiento ansioso a los cristianos para que extiendan el Evangelio, sino notas dispersas aquí y allá que sugieren cómo el Evangelio se iba difundiendo... Por espacio de siglos, la iglesia cristiana prosiguió su expansión por su propia gracia inherente y produjo incesantemente misioneros sin ninguna exhortación directa.»

Al hablar de métodos, hemos de insistir en sus peligros, sobre todo el de mecanizar una actividad eminentemente espiritual y aplicar procedimientos comerciales que no siempre encajan con la verdadera dinámica de la evangelización, sino que más bien la pervierten. Pero los riesgos no han de excluir el estudio y el uso de medios que puedan facilitar la comunicación del Evangelio. Pablo revela una estrategia misionera y un método de trabajo al escoger las grandes ciudades como centros de su actividad y las sinagogas como vía de penetración con el mensaje de Cristo.

Hay un sinfín de métodos que, bajo la dirección del Espíritu Santo, pueden resultar eficaces en la evangelización.

---

2. *One race, one Gospel, one task*, p. 343.

Pero su aplicación debe efectuarse teniendo en cuenta algunos principios generales:

a) Todo método debe seleccionarse y adaptarse según el entorno cultural, social y de costumbres de cada lugar.

b) No debe adoptarse ningún método que, por diferentes motivos, no pueda utilizarse con un mínimo de recursos que hagan probable su efectividad.

c) Ningún método debe ser considerado como el único que asegure grandes resultados en todos los casos.

d) Técnicas evangelísticas excesivamente simplificadas resultan defectuosas al tratar de comunicar la gran riqueza espiritual del Evangelio a los seres humanos, tan complejos y diversos entre sí.

e) Si el mensaje evangelístico ha de ser cristocéntrico, el método de evangelización debe ser eclesiocéntrico. La evangelización no tiene como objetivo único la salvación de los pecadores, sino su integración en la Iglesia, cuerpo de Cristo, lo que lleva aparejada su incorporación a una iglesia local. En el Nuevo Testamento, la evangelización parte de las iglesias y su fruto es recogido en ellas. En algunos casos, los organismos evangelísticos paraeclesiásticos pueden ser una ayuda a las iglesias, pero en otros pueden contribuir a su debilitamiento. Sólo en la medida en que los métodos contribuyen a consolidar la posición novotestamentaria de la Iglesia son válidos. Citando a Howard A. Snyder, diremos que «la Iglesia es el agente de Dios en la evangelización. Hablar de obra evangelizadora sin relacionarla con la Iglesia es perder la perspectiva bíblica y desarrollar una evangelización incompleta» (3).

Medios de la Iglesia para la evangelización

El uso de los grandes medios de comunicación, como la radio, la televisión o la prensa están en la mayoría de los casos

---

3. *Let the earth hear his voice*, p. 327.

fuera de las posibilidades de una iglesia local, aunque puede ésta participar colaborando con otras iglesias o entidades que, al sumar recursos humanos y económicos, están en condiciones de utilizar dichos medios. Pero hay otros caminos abiertos a cualquier iglesia, por pequeña que sea. A ellos vamos a referirnos en particular.

Los cultos

Para las personas no creyentes que asisten a una iglesia y llegan a convertirse, los cultos pueden ser en la mayoría de los casos el factor más importante de su experiencia religiosa. La Palabra de Dios llega a ellas a través de la predicación directa con una fuerza que raramente se alcanza por otros medios.

Este resultado no se produce únicamente mediante los tradicionales cultos «de evangelización». Algunas iglesias carecen de ellos y no por ello dejan de ver fruto abundante de conversiones. Nada objetable hay en los cultos netamente evangelísticos, en los que toda la predicación se centra en la necesidad espiritual del pecador, en la obra redentora de Cristo y en las exigencias divinas del arrepentimiento y la fe en El como único camino de salvación, al final de los cuales se hace una invitación a los inconversos para que se rindan a Jesucristo.

Pero a menudo se ha observado que tal tipo de predicación resulta demasiado parcial. No presenta toda la perspectiva bíblica de la salvación. Tiende a abaratar el Evangelio; enfatizando sus ofertas, se silencian sus demandas; se agranda tanto la figura del Salvador que no llega a verse la del Señor. De este modo se consiguen conversiones fáciles, pero superficiales, en muchos casos espurias.

Cuando, en cambio, se predica en cultos no estrictamente evangelísticos, es más fácil ir exponiendo «todo el consejo de Dios», lo que a la larga contribuye mucho más eficazmente a que la experiencia de conversión sea más sólida. No pocas personas han recibido las influencias más decisivas para convertirse a Cristo en cultos de «edificación» e incluso en reuniones de oración. Juan Wesley no se convirtió por la fuerza de un gran sermón dirigido a almas perdidas, sino por la piedad inspiradora de los hermanos moravos con quienes entró en contacto.

La Palabra de Dios, toda la Palabra, es «viva y eficaz» (Heb. 4:12). Cuando se predica fielmente, nunca vuelve a Dios vacía (Is. 55:11). Por eso, como señala J. I. Packer con aguda visión, «es una equivocación suponer que los sermones evangelísticos son una clase especial de sermones con estilo peculiar propio; los sermones evangelísticos son simplemente sermones bíblicos, la clase de sermones que inevitablemente se predican si se predica la Biblia bíblicamente... Toda la Escritura, de un modo u otro, da testimonio de Cristo, y todos los temas bíblicos están relacionados con El. Por consiguiente, todo verdadero sermón anunciará de alguna manera a Cristo, por lo que será más o menos directamente evangelístico. Algunos sermones, por supuesto, tendrán más que otros la finalidad concreta y exclusiva de convertir a los pecadores. Pero no se puede presentar al Señor Jesucristo como la Biblia lo presenta, como la respuesta de Dios a todos los problemas en la relación del pecador con El, sin que tal presentación sea siempre evangelística... Si en nuestras iglesias se piensa en reuniones y sermones «evangelísticos» como algo especial, diferente de lo normal, ello constituye un veredicto condenatorio contra nuestros cultos normales del domingo» (4).

Nos permitimos añadir que las posibilidades evangelísticas en este terreno aumentan cuando la predicación es expositiva, especialmente si las exposiciones cubren total o parcialmente los diferentes libros de la Biblia.

Campañas especiales de evangelización

Lo expresado en el punto anterior no invalida la posibilidad y conveniencia de esfuerzos evangelísticos especiales.

---

4. *Evangelism and the sovereignty of God*, pp. 54, 55.

Una iglesia —o conjunto de iglesias— hará bien en organizar cultos extraordinarios en su templo o reuniones en salones públicos a fin de atraer a un mayor número de personas a escuchar el Evangelio.

Esta acción exige una preparación meticulosa. No sólo deben seleccionarse cuidadosamente los temas de los sermones o conferencias y los oradores. Es imprescindible promover interés entre los creyentes para que oren por la campaña y colaboren en el trabajo de invitar a personas alejadas de la iglesia. Deben usarse con la máxima eficiencia los medios de publicidad disponibles. El canto, coral y congregacional, ha de alcanzar la máxima calidad. Es necesario escoger y adiestrar a un número suficiente de creyentes que puedan establecer contacto personal con los visitantes. Y no puede descuidarse la atención debida a cuantas personas llegan a interesarse en el Evangelio, o incluso a convertirse, durante la campaña. Es imprescindible mantenerse en comunicación con ellas con objeto de ayudarlas en su desarrollo espiritual. La labor de riego posterior a una campaña de evangelización es tan importante como la de siembra durante la misma.

En cuanto a la campaña en sí, conviene llevarla a cabo con el máximo vigor y ambición espiritual, pero rehuyendo la tentación varias veces apuntada de dejarse obsesionar por los resultados.

La predicación debe ser bíblicamente sustanciosa, ha de responder a la necesidad más profunda del ser humano y ha de contener una invitación. Pero ésta ha de ser hecha con dignidad, sin insistencias que traspasen los límites del respeto a una libre decisión, sin coacciones psicológicas impropias de la fe en la acción del Espíritu Santo. Forzar o acelerar un proceso de conversión es tan irracional como hacer caer a palos la fruta de un árbol. La experiencia ha mostrado en demasiados casos lo fatal de presiones desmesuradas para lograr la conversión. Cuando se consigue una «decisión», una profesión de fe, totalmente inmadura, ésta es generalmente seguida de una reacción negativa, muchas veces de un alejamiento total y definitivo del Evangelio.

Una vez más hemos de recalcar que los inconvenientes no deben llevarnos a repudiar un método. Los abusos observados en algunas campañas no son motivo para suprimirlas, sino para perfeccionarlas.

Grupos de estudio bíblico

Este sistema está extendiéndose ampliamente por todo el mundo. La razón es que muchas personas reacias a asistir a los cultos de una iglesia aceptan más fácilmente la invitación a una pequeña reunión de carácter íntimo celebrada en una casa particular.

Existen precedentes novotestamentarios valiosos para este tipo de evangelización. Cristo mismo, Pedro, Pablo y los demás apóstoles llevaron a cabo un gran ministerio evangelístico «por las casas» (Mt. 9:10-13; Lc. 19:5-10; Hc. 2:46; 10:23-48; 13:7-12; etc.). En nuestros días simplemente asistimos al redescubrimiento del valor de este método de extender el Evangelio.

Esta actividad, como su nombre indica, debe tener como centro la Biblia. Pero, a diferencia de un culto, en el grupo no se predica. Se estudia la Escritura con la participación de todos los que asisten, creyentes e inconversos. En un ambiente de libertad y espontaneidad, cada uno puede expresar no sólo sus opiniones, sino también sus inquietudes, problemas o necesidades espirituales. Y si al estudio bíblico se une —debe unirse— el interés humano de los creyentes hacia los participantes del grupo que aún no lo son, el fruto espiritual es prácticamente seguro.

Una gran ventaja de este método es que permite la colaboración de muchos miembros de la iglesia que posiblemente no se sentirían capacitados para otras formas de evangelización.

Peligro que debe evitarse a toda costa es que las reuniones del grupo degeneren en meras tertulias sobre temas ajenos a la Biblia o que abran portillo a excesivas franquezas, a críticas malsanas, a comentarios que se conviertan en piedras de tropiezo para las mismas personas a quienes se quiere ganar para Cristo.

Otro riesgo radica en la posibilidad de que el grupo, cuanto más satisfaga a sus componentes, más los exponga a hacer de él algo demasiado importante. Los creyentes pueden sentirse más atraídos hacia él que hacia la iglesia, donde necesariamente la comunión espiritual no puede ser tan íntima con todos. Esto, lógicamente puede ocasionar problemas. Para obviar este inconveniente, puede ser aconsejable variar periódicamente la composición de los grupos y mantener contacto estrecho entre los dirigentes de los mismos y los líderes de la iglesia.

Volveremos a esta cuestión en el capítulo sobre «Comunión y servicio».

Uso de literatura

Constituye un medio duradero de comunicación del Evangelio, de alcance amplísimo e incalculable. Debidamente aprochado puede llegar a ser uno de los vehículos más eficaces para llevar el mensaje de Cristo al mundo. Así lo confirman las estadísticas. T. E. Lloyd, Secretario de la «Africa Inland Mission», asegura que la literatura cristiana ocupa hoy el número uno absoluto en las prioridades de la planificación misionera. Y el gran misionero de la América Latina, Kenneth Strachan, declaró: «El ochenta y cinco por ciento de todos los latinos ganados para Cristo se han convertido como resultado de un libro cristiano, de un periódico, de un folleto, de una Biblia, por los que llegaron a la convicción de pecado» (5). Estos datos han venido a confirmar lo que casi proféticamente intuyó Lutero cuando hace cuatro siglos excla-

---

5. Citados por Jack McAlister en su trabajo sobre *Literature and evangelism*, presentado en el Congreso Mundial de Berlín, *One race, one Gospel, one task*, p. 515.

mó: «¡Debemos lanzar contra el diablo el tintero del impresor!»

La distribución de literatura evangélica se lleva a cabo por la mayoría de miembros de nuestras iglesias en sus contactos personales. Regalan ejemplares del Nuevo Testamento, evangelios o folletos por su propia iniciativa, lo cual es magnífico. Pero existe otro campo no siempre suficientemente explotado. Es el de la venta de Biblias (o porciones bíblicas) y libros evangélicos en puestos especiales de la ciudad o mediante visita domiciliaria. La venta siempre será algo aleatorio, pero el ofrecimiento del libro permite un contacto personal que puede ser en muchos casos el principio de resultados muy positivos.

Todo pastor haría bien en estimular a los miembros de su iglesia que considerase idóneos para dedicarse a este tipo de trabajo. Pero al mismo tiempo habría de guiarlos en la selección del material. Uno de los grandes defectos que se observan en muchos países es la pobre calidad, tanto en contenido como en presentación, de gran parte de los libros y folletos que se distribuyen. La corrección de este defecto es indispensable para que el uso de la literatura sea realmente eficaz.

La obra personal

Este método es tan antiguo como el Evangelio mismo. El Señor lo practicó a menudo de modo admirable. Sus contactos con la samaritana, con Nicodemo o Zaqueo son otras tantas lecciones magistrales sobre el arte de comunicar la buena nueva mediante el diálogo a nivel individual. La expansión de la iglesia primitiva tuvo como secreto el testimonio de los cristianos en cualquier lugar en que se encontraran (Hec. 8:4). Todavía hoy la evangelización personal excede en eficacia a cualquier otro sistema.

Algunos creyentes parecen naturalmente dotados para este tipo de trabajo y lo realizan atinadamente sin el menor esfuerzo. Otros, por el contrario, encuentran sumamente difícil establecer contactos personales y orientar una conversación hacia el Evangelio. Esta dificultad, que suele ser la de la mayoría de miembros de una iglesia, hace recomendable que el pastor o alguna otra persona idónea instruya a los creyentes mediante clases especiales en lo tocante a los principios de la evangelización personal (naturaleza, contenido, modo de practicarla, etc.).

En la actualidad existen numerosos libros sobre este tema. No todos son igualmente valiosos. Algunos adolecen de excesiva simplicidad; otros son poco prácticos. Quizá lo más aconsejable es que el propio pastor recoja material de diversas fuentes y dé su propia orientación según las características ambientales, religiosas y humanas de las personas a las cuales se desea evangelizar.

Otros medios valiosos al alcance de una iglesia para la difusión del Evangelio pueden ser la proyección de películas, los cultos al aire libre, los contactos personales mediante encuestas, las visitas a hospitales, la visitación domiciliaria y muchos más. La selección de tales medios, así como la instrucción de los creyentes que, según sus respectivos dones, hayan de utilizarlos, pueden contribuir grandemente a una acción evangelizadora sumamente fructífera.

En conclusión: bajo la dirección del Espíritu, a la luz de la Palabra, el pastor debe orientar y estimular a la iglesia de modo que sus miembros puedan hallar modos adecuados de comunicar eficazmente el mensaje de Jesucristo, origen y objeto de su fe.

CUESTIONARIO

1. ¿Por qué una iglesia evangélica ha de ser evangelizadora?
2. ¿Cuál es el secreto de una evangelización eficaz?
3. A la luz del Nuevo Testamento, ¿qué lugar deben ocupar los métodos en la evangelización?
4. ¿Qué principios básicos deben tenerse en cuenta en la selección de métodos evangelísticos?
5. Exponga el valor de cualquier culto (aunque no sea estrictamente de evangelización) como contribución de primer orden a la acción evangelizadora de la iglesia.
6. En su experiencia personal, ¿en el uso de qué métodos ha visto resultados más positivos y estables?

Capítulo XXXIII

LA ENSEÑANZA

La evangelización y la enseñanza, como vimos en el capítulo I, son inseparables. Así aparecen en la gran comisión (Mt. 28:19, 20). Así las entendió Pablo (II Tim. 1:11). Y así las vio la Iglesia cristiana de los primeros siglos, en la que tanta importancia adquirió la catequesis. La razón es que el fruto de la evangelización se malogra si no va acompañado y seguido de la instrucción. No basta con que la semilla sembrada llegue a germinar; la planta nacida necesita un cultivo esmerado para que se desarrolle plenamente.

La educación, sin embargo, no es tarea fácil, ni en el plano secular ni en el religioso. Sus normas no están dictadas, como antiguamente se creía, únicamente por el sentido común y un caudal más o menos rico de experiencias. La pedagogía se apoya en principios de carácter científico que no se pueden ignorar. Y el pastor, como dirigente de la labor educativa en la iglesia, debe conocerlos —al menos los más fundamentales— y aplicarlos.

En este terreno, también debe contarse en primer lugar con la presencia y la acción docente del Espíritu Santo (Jn. 14:26). Sin su intervención, sería imposible la verdadera educación cristiana, ya que el propósito de ésta no es simplemente impartir unos conocimientos, sino convertir en el creyente la verdad en vida. La auténtica formación bíblica se manifiesta a través de una doble transformación, la del corazón y la de la conducta, no a través de un credo ortodoxamente expresado. Y tal transformación sólo puede efectuarla el Espíritu de Dios.

Pero, como hemos observado en otras esferas, la acción del Espíritu Santo no anula la humana. Y en lo que concierne a la enseñanza, tanto el ministro como la iglesia deben extremar su diligencia para hacerla lo más eficaz posible.

Alcance de la instrucción cristiana

Ampliando lo expuesto, hemos de enfatizar el carácter eminentemente práctico de la enseñanza en la iglesia. Toda actividad docente ha de estar orientada hacia la totalidad de la persona, de modo integral. Ha de llegar a la mente de aquellos a quienes se enseña, pero también a la zona de sus sentimientos y a la de la voluntad, pues la meta final es la conformación de la vida según el patrón moral establecido por Dios en su Palabra.

La *gnosis* del Nuevo Testamento es más que mero conocimiento intelectual; en la mayoría de los casos significa o implica un conocimiento experimental. Así, conocer a Dios es mucho más que tener una idea correcta de su persona y de sus atributos; es tener una relación personal con Él que afecta el modo de vivir. Enfáticamente declara Juan refiriéndose a Cristo: «En esto sabemos que le conocemos, si guardamos sus mandamientos. El que dice: Yo le conozco, y no guarda sus mandamientos, el tal es mentiroso y la verdad no está en él» (I Jn. 2:3, 4).

La enseñanza de la fe cristiana exige, indudablemente, impartir el conocimiento de la Sagrada Escritura. Todo cristiano debiera estar familiarizado con la historia bíblica, con sus personajes y sus hechos más notables, con las lecciones que de ellos se desprenden, con los mensajes de los profetas, con los cánticos de los salmistas, con los grandes mandamientos de Dios, con sus promesas, con las orientaciones éticas de los libros sapienciales. Debiera conocer, sobre todo, el Nuevo Testamento y sus grandes enseñanzas, con una visión clara tanto de la perspectiva histórica como de la doctrinal.

Pero tales conocimientos no han de quedar alojados en la mente. Están destinados a despertar sentimientos. Dios quiere usarlos para producir arrepentimiento, fe, amor, gozo, paz, sentido de responsabilidad. Y aun esto es insuficiente. El conocimiento bíblico no ha de detenerse en el campo de las emociones. Ha de invadir victoriosamente el de la acción. Al primer triunfo de la conversión deben seguir muchos más en el proceso de la santificación, durante el cual el creyente ha de ir siendo transformado a la imagen moral de Jesús. Lo que de la Biblia se aprende ha de configurar la conducta en todos los ámbitos: en el hogar, en la escuela o la universidad, en el taller o la oficina, en el vecindario, en la calle, en la ciudad, en el país.

No siempre es fácil determinar la actitud o el comportamiento cristianos frente a algunos problemas morales. ¿Cuál debe ser la actitud del creyente ante la eutanasia, por ejemplo, o la adición a las drogas, la mentira profesional, etc.? ¿Qué debe opinar sobre el servicio militar o sobre la guerra? ¿Qué posición debe adoptar ante cuestiones de carácter político o social? Es triste que muchos cristianos, ante tales problemas, divagan confusos sin saber ni qué hacer ni siquiera qué pensar.

Es verdad que la Biblia no contiene una respuesta para cada una de las preguntas que la evolución del mundo pueda plantear. Pero sus principios, absolutos y válidos para todos los tiempos, pueden iluminar siempre el camino del creyente y capacitarle para andar rectamente a lo largo de su vida. Es indispensable, no obstante, que estos principios se apliquen adecuadamente. A ello debe aspirar la enseñanza impartida en la iglesia.

Clave de la enseñanza eficaz

La especial naturaleza de la enseñanza religiosa y lo trascendental de sus fines no excluye la aplicación de principios y normas didácticas que hoy se consideran imprescindibles en todas las ramas de la docencia.

Ante la imposibilidad de exponer, aunque fuera de manera resumida, los fundamentos de una sana pedagogía, nos limitaremos a destacar lo que ha venido a constituir el centro de la filosofía de la educación: la relación entre maestro y alumno y el papel que cada uno desempeña en el proceso de enseñar-aprender.

El concepto del maestro como sujeto activo único, que relega al alumno al de mero recipiente pasivo de unos conocimientos, está prácticamente descartado. Tomás de Aquino, anticipándose a John Dewey, ya descubrió la necesidad de que el alumno participara activamente en el aprendizaje. Comparaba la función del maestro a la del médico. Del mismo modo que éste no sana al enfermo, sino que simplemente facilita la recuperación del organismo que se cura a sí mismo, así el enseñador facilita —no sustituye— la actividad propia del alumno en el proceso instructivo.

Lowell E. Brown y B. Reed observan al respecto que Jesús, el Maestro por antonomasia, ya puso en práctica este principio. No sólo instruía a sus discípulos mediante la palabra; exigía de ellos la acción. Aunque los apóstoles estaban aún lejos de haberlo aprendido todo, pronto fueron enviados por el Señor a predicar. Los milagros obrados por El eran en el fondo otro método de enseñanza y en varias ocasiones (multiplicación de los panes y los peces, transformación del agua en vino, la acción de andar sobre las aguas del lago) hizo participar en ellos a quienes le rodeaban [1].

Los mismos autores perfilan con gran acierto las funciones de maestro y alumno que resumimos:

---

1. *Your Sunday School can grow*, G/L Publications, p. 15.

1) *Funciones del maestro*

a) *Guiar.* Como si se tratase de escalar una montaña, el maestro no se limita a dar explicaciones acerca de cómo efectuar la ascensión, sino que, previo un mínimo de instrucciones, se pone en marcha y dirige a los alumnos hacia la cima.

b) *Estimular.* Para ello formulará preguntas y sugerirá actividades, por medio de las cuales el alumno realizará su propio trabajo de aprendizaje. Lo más fascinante en nuestra vida es aquello que descubrimos por nosotros mismos.

c) *Cuidar.* Para enseñar de modo efectivo, el maestro ha de establecer una relación a nivel personal con sus alumnos. Ha de convertirse en amigo de ellos. Y en su dedicación debe ser un ejemplo tanto como un comunicador de la verdad de Dios.

2) *Funciones del alumno*

a) *Recibe* las instrucciones que le permiten avanzar en su propia actividad cognoscitiva.

b) *Explora.* El alumno necesita oportunidades para efectuar su propia investigación en la materia que se estudia.

c) *Descubre.* Es el resultado de una exploración adecuada.

d) *Se apropia lo descubierto y asume una responsabilidad.* Esto es de especial importancia en lo que se refiere al conocimiento religioso. La verdad descubierta debe tener una aplicación en el modo de vivir.

Podemos añadir que sólo en la medida en que se realizan todas estas funciones, el maestro realmente enseña y el alumno aprende.

En la práctica, lo expuesto significa que los alumnos han de disponer de material de investigación y de campo de acción. Tratándose de instrucción bíblica, es vital que la iglesia provea libros y material adecuado, así como oportunidades de trabajo.

Actividades educativas en la iglesia

Pueden ser muy diversas y deben complementarse entre sí. Señalamos las más importantes.

El contacto personal

Richard Baxter dedica una tercera parte de su inmortal obra, *The Reformed Pastor*, a esta forma de instrucción. Puede ser, sin duda, la más efectiva, pues tiene a su favor ventajas insuperables. Permite conocer la posición de la persona con quien se habla, su nivel de comprensión de la Palabra de Dios, el punto a que ha llegado en la aplicación práctica de sus enseñanzas, sus anhelos, sus problemas. Hace posible, asimismo, que tal persona haga preguntas y pida todas las aclaraciones necesarias.

Por otro lado, la instrucción personal se efectúa en un plano que facilita una relación humana viva. A través de ella no se obtiene únicamente instrucción; se recibe comprensión, simpatía, estímulo.

A menudo, lo que no se logra mediante ninguna otra forma de enseñanza, se consigue a través del diálogo íntimo.

La predicación

Es una fuente valiosísima de formación cristiana, máxime si es de carácter expositivo. Adolece de un defecto: la participación del oyente se limita exclusivamente a escuchar, lo cual reduce considerablemente sus posibilidades de aprender, según se desprende de lo indicado en el punto anterior. Sin embargo la predicación tiene una gran ventaja: llega a la inmensa mayoría de los miembros de una iglesia, cosa que no se consigue por otros medios. Además, ofrece la posibilidad de exponer la verdad bíblica en toda la amplitud de sus vertientes: histórica, doctrinal, moral y existencial. La predicación sistemática sólida y variada a lo largo de los años puede convertir el púlpito en una auténtica cátedra desde la cual la congregación reciba enseñanza bíblica de primerísima calidad.

La escuela dominical

Sería difícil encontrar una iglesia evangélica sin tal escuela. La obra iniciada por Roberto Raikes en Gloucester hace dos siglos evolucionó hasta venir a ser el brazo derecho de innumerables iglesias locales en la enseñanza religiosa, especialmente entre los niños. En algunos países, sobre todo en los Estados Unidos, las escuelas dominicales han adquirido una importancia asombrosa. En sus clases, y en cifras elevadísimas, niños y adultos adquieren una esmerada formación religiosa.

Desgraciadamente, no puede decirse lo mismo de todos los lugares en que funciona una escuela dominical. Unas veces por carencia de recursos, otras por falta de visión, la labor de este vital departamento de la iglesia se ha desarrollado en condiciones de incompetencia sumamente deplorables. Señoras ya entradas en años, con escasa formación bíblica y nula capacitación pedagógica, actuando como maestras; clases excesivamente numerosas con niños de todas las edades; aulas exiguas y sin ventilación; mobiliario incómodo; falta de material adecuado y otros factores negativos convierten más de una escuela dominical en mera guardería infantil de la más pobre calidad.

Debemos reconocer que no todas las iglesias están en condiciones de suplir satisfactoriamente todas sus necesidades. Pero la importancia de la enseñanza exige que a ésta se le dé un lugar preferente. Por tal motivo, deberían corregirse los defectos anteriormente apuntados.

En toda escuela dominical es imperativo:

a) Establecer un sistema graduado de clases según las diferentes edades, incluidos jóvenes y adultos.

b) Formar adecuadamente a los maestros mediante cursillos especiales.

c) Aprovechar las salas o habitaciones disponibles destinadas a aulas, adaptarlas y equiparlas con miras a la enseñanza.

d) Organizar la labor docente.

e) Proveer el material necesario para el maestro (diccionarios bíblicos, concordancias, comentarios, atlas bíblico, tratados de pedagogía y de psicología, en especial los relativos a la edad correspondiente, etc.), para el alumno (revista —si la hay—, cuaderno de trabajo, cuaderno de dibujo, láminas, etc.) y para el uso durante la clase (mapas de pared, franelógrafo, diapositivas, filminas, trabajos manuales).

f) Determinar el horario de clases más apropiado. Este debe decidirse con la máxima elasticidad, de acuerdo con las circunstancias de cada iglesia. En algunos lugares es posible tener todas las clases a una hora diferente de la del culto. En otros, las clases para niños se dan a la misma hora. En tal caso, si la instrucción bíblica sistemática ha de alcanzar a toda la congregación, es necesario buscar otra hora para jóvenes y adultos el domingo mismo u otro día de la semana. El adjetivo «dominical» de la escuela de la iglesia no debe tener un carácter absoluto. Lo importante de la enseñanza no es que se imparta en domingo precisamente, sino que esté al alcance del mayor número posible de personas, aunque ello obligue a trasladar la clase a otro día de la semana.

Clases especiales

Tienen una finalidad más limitada que cualquiera de las ofrecidas a los miembros de la iglesia en general, pues responden a una necesidad específica.

Mencionamos algunos ejemplos:

a) *Clases para nuevos convertidos.* Son muy recomendables. Los recién nacidos espiritualmente necesitan ser instruidos de inmediato tanto en las doctrinas fundamentales como en los aspectos prácticos de la vida cristiana. También necesitan el calor que proporciona el contacto estrecho con otros hermanos. Ambas necesidades pueden ser suplidas en una clase exclusiva para ellos.

b) *Clases para líderes.* Están destinadas a cuantos desean ampliar su formación con objeto de servir en esferas de mayor responsabilidad: predicación, enseñanza, cura de almas, etc.

c) *Clases para actividades especiales,* como pueden ser evangelización personal, la obra de distribución de literatura, el ministerio de visitación, el trabajo entre los jóvenes, etc.

d) *Campamentos.* Deparan oportunidades magníficas de intensa actividad educativa. En un marco de aislamiento que favorece la concentración mental y espiritual, por espacio de dos semanas aproximadamente, pueden realizarse estudios bíblicos y tenerse charlas o coloquios sobre temas determinados.

Como elementos formativos, se añaden el contacto personal más íntimo entre el enseñador y los participantes en el campamento, la convivencia estrecha de todos y los trabajos en los que inevitablemente todos tienen que colaborar. Los problemas y roces que a menudo surgen de estas circunstancias también son, en el fondo, un factor educativo.

e) *Retiros y conferencias.* La vida moderna, con la reducción de la semana laboral y sus posibilidades crecientes de movilidad, permiten con relativa facilidad la celebración de conferencias o retiros de uno o dos días de duración en lugares adecuados. Tienen muchas de las características de un campamento, aunque reducidas por ser reducido el tiempo de que se dispone.

Tales retiros son especialmente aconsejables para grupos con características particulares: dirigentes de la iglesia, enseñadores, matrimonios de edades determinadas, jóvenes, etc.

La temática de tales encuentros conviene que esté centrada en cuestiones concretas de máximo interés para la vida espiritual y el trabajo de los participantes.

Planificación y coordinación de la enseñanza

El pastor ha de contemplar el campo de la docencia en la iglesia en todas sus dimensiones. Ha de ver todas las necesidades y, a la vista de ellas, ha de estudiar con sus colaboradores el mejor modo de suplirlas. Ello exige planificación y coordinación. La predicación, las lecciones de la escuela dominical, los estudios en grupos juveniles y las clases especiales, retiros, campamentos, etc. deben ser como ramas de un mismo árbol, cuyo fruto es la formación cristiana integral de los miembros de la iglesia y de sus hijos.

Sólo así se evitan lagunas y repeticiones. Casos se han dado en que la enseñanza en los diferentes departamentos de una iglesia, por su inconexión, ha girado en torno a partes muy limitadas de la Biblia con omisión de libros enteros del Antiguo y del Nuevo Testamento importantísimos. Igualmente se han descuidado doctrinas o cuestiones morales de no menor importancia. Por el contrario, ha sucedido también que los mismos alumnos, en diferentes secciones, han estudiado los viajes del apóstol Pablo —por ejemplo— tres veces consecutivas en el espacio de seis meses.

La coordinación es absolutamente indispensable cuando la instrucción es dada a las mismas personas por diferentes enseñadores. En tal caso, éstos habrían de ir más allá de una planificación coordinada de las lecciones y lograr una auténtica comunión entre sí que hiciera más fecunda su labor en torno al alumno, quien es al fin de cuentas el centro de la actividad docente. La enseñanza bien dirigida es el mejor medio para que se cumpla el propósito apostólico que debiera animar a todo ministro del Evangelio: «presentar perfecto en Cristo Jesús a todo hombre» (Col. 1:28).

El pastor, en su función de educador y director de educadores, tiene responsabilidades tan grandes como sus oportunidades y como el premio que la Palabra de Dios le promete (Dan. 12:3).

CUESTIONARIO

1. ¿En qué consiste la enseñanza religiosa que debe impartirse en la iglesia?
2. ¿Por qué es importante la participación activa del alumno en el proceso de aprendizaje?
3. ¿Cuáles son las funciones esenciales del maestro?
4. Analice críticamente la labor de enseñanza en alguna de las iglesias que usted conoce.

Capítulo XXXIV

COMUNION Y SERVICIO

El cuadro que la primera iglesia cristiana nos presenta en el libro de los Hechos no puede ser más sugestivo. Llenos del Espíritu Santo, los discípulos evangelizan. Como resultado, miles de personas nacen a una vida nueva mediante la fe en Jesucristo. La nueva comunidad es alimentada por «la doctrina de los apóstoles» y crece al calor de una comunión maravillosa (Hec. 2:41, 42) que impulsa el testimonio y el servicio. Esa comunión sigue siendo indispensable para el sano funcionamiento espiritual de toda la iglesia.

Significado de la comunión en el Nuevo Testamento

La palabra del original griego, *koinonía*, significa participación o compañerismo, aunque entre los griegos se usaba especialmente cuando quería expresarse una relación interior entre dos o más personas. La amistad era su expresión suprema.

En el Nuevo Testamento la hallamos en Lucas 5:10 para indicar una asociación de tipo laboral. Pero generalmente hace referencia a la relación del cristiano con Dios —o con Cristo— y a la de los creyentes entre sí. Entre Cristo y el hombre se establece una comunión de naturaleza humana por la encarnación (Heb. 2:14). Entre el creyente y Dios se crea una comunión de naturaleza divina por la fe en sus promesas (II Ped. 1:4).

El cristiano queda así unido a su Señor, de cuya humillación y exaltación es hecho participante (Fil. 3:10; I Ped. 4:13; comp. Rom. 8:17). La cruz es incorporada a su experiencia personal (Gál. 2:20). Con Cristo se entrega, obediente al Padre, en servicio a favor de los demás (I Jn. 3:16). La unión con Cristo debe regir todas sus relaciones. Este es el punto de partida de la comunión eficaz con nuestros hermanos (Jn. 15:12:13).

Complemento de esta verdad lo hallamos en la enseñanza de Pablo sobre la Cena del Señor, testimonio de nuestra identificación con Cristo que nos obliga a una lealtad sin compromisos y a un reconocimiento abnegado de la unidad del cuerpo de Cristo (I Cor. 10:16 y ss.).

Esta unidad del cuerpo del Señor, la Iglesia, es la base de la comunión de los creyentes entre sí. La participación de unos mismos beneficios y responsabilidades en Cristo establece un vínculo sagrado de amor. La comunión con Dios no puede existir sin la comunión con sus hijos (I Jn. 1:3). Exige rectitud de vida, andar «en luz» (I Jn. 1:7), lo que incluye un amor sincero hacia todos los hermanos (I Jn. 2:9, 10; 3:14-18; 4:7-11).

Vemos aspectos prácticos de tal amor no sólo en el desprendimiento material de los primeros cristianos (Hec. 2:44, 45), sino en una relación espiritual de mutuo estímulo y edificación (Col. 3:16; Heb. 3:13; 10:23) y de desahogo espiritual mediante la confesión de los unos a los otros (Sant. 5:16). Fue, sin duda, este santo compañerismo lo que convirtió a las iglesias cristianas, a pesar de todos sus defectos, en centros de simpatía, de comunicación gozosa. El poder de atracción de la comunión cristiana ganó a muchos paganos para Cristo y los que permanecían lejos se veían obligados a exclamar: «¡Mirad cómo se aman!»

Elementos de la comunión

El análisis del tema a la luz de lo expuesto nos permite descubrir los factores primordiales de la comunión cristiana:

Conciencia corporativa

Dios salva a cada ser humano individualmente, pero no para vivir su salvación de modo aislado. Nuestra unión con Cristo nos hace miembros de su cuerpo, la Iglesia. Nuestra responsabilidad no concierne únicamente a nuestra relación con El; tiene que ver también con todos sus redimidos. «Somos miembros los unos de los otros» (Rom. 12:5). Ningún cristiano consciente del propósito divino puede desentenderse de sus hermanos en la fe (I Cor. 12:21). No puede jamás hacer suya la pregunta de Caín (Gén. 4:9b). Ha de gozarse con los que se gozan y llorar con los que lloran (Rom. 12:15). «Ninguno de nosotros vive para sí y ninguno muere para sí» (Rom. 14:7). La voluntad de Dios respecto al Cuerpo de Cristo es que «los miembros todos se preocupen los unos por los otros» (I Cor. 12:25).

Esta conciencia debe tener una proyección amplísima; la comunión cristiana debe extenderse a todos los creyentes. Cualquier forma de discriminación es pecado. Como alguien ha dicho, la iglesia no es una segregación sino una congregación. Indudablemente, es más fácil relacionarnos con otros cuando median determinadas afinidades; pero la fraternidad cristiana debiera ser tan inclusiva como la gracia de Dios, quien no hace acepción de personas (Hec. 10:34).

Comunicación

Lo dicho en el capítulo XXII sobre la comunicación en el matrimonio tiene, en términos generales, aplicación a las relaciones fraternales en la iglesia. Todo creyente debiera poder hallar entre sus hermanos personas que merecieran su confianza para hacerles partícipes de su mundo interior, por pobre y oscuro que éste sea.

La base de una comunicación efectiva radica en el amor, que acepta al otro tal como es, con todas sus imperfecciones, y en la humildad, que confiesa las propias faltas despojada de una excesiva autoestimación. Hay debilidades, problemas y fracasos que deben exteriorizarse si la comunión ha de ser medio de ayuda mutua. Nada nos perjudica —y perjudica a los demás— tanto como el empeño en aparecer siempre como hombres o mujeres en los que todo es digno de alabanza. Lawrence O. Richards, comentando el texto de II Corintios 1:3-7, afirma que nuestra capacidad para ministrar consuelo y ayuda a otros depende de nuestra propia experiencia de dificultad. «De algún modo —dice— ser humano y estar sujeto a todas las presiones de la existencia humana es básico para estar en condiciones de ayudar espiritualmente a otros... Es trágico creer que para cumplir ese ministerio necesitamos haber «llegado» espiritualmente, que hemos de ser cristianos «victoriosos». Ninguno de nosotros ha llegado. Todos estamos sujetos a la soledad, a frustraciones, a fracasos, a la desesperación. Todo esto, tanto como la paz y el gozo del Evangelio, forma parte de nuestro patrimonio. Cuando pugnamos por ocultar a los demás nuestra humanidad construimos muros en vez de puentes» (1).

Por demás es decir que este tipo de comunicación exige un clima de confianza mutua y de lealtad. La persona que divulga lo que le ha sido dicho en la intimidad y hace de dominio público lo que tenía carácter confidencial está dinamitando los puentes de la comunicación, con lo que arruina la comunión.

Ayuda mutua

El solo hecho de que una persona pueda establecer una vía de comunicación auténtica con otras ya es en sí una gran asistencia. Sus efectos liberadores son muchas veces maravillosos. El intercambio de conocimientos espirituales, senti-

---

1. *The new face for the church*, Zondervan Publ. House, p. 159.

mientos y testimonios de experiencias personales es hondamente inspirador. Provee consuelo y estímulo para proseguir con esperanza gozosa la carrera cristiana.

Pero el auxilio fraternal debe manifestarse también materialmente, como ya hemos observado. La comunidad de bienes en la primera iglesia cristiana (Hec. 2:44-47; 4:32-37) y las ofrendas recogidas en diversas iglesias en favor de los hermanos pobres de Judea (Hec. 11:27-30) y Jerusalén (Rom. 15:26; II Cor. 8 y 9) atestiguan el espíritu de amor que presidía la comunión de aquellos creyentes. Ese amor velaba por el bienestar de la persona en su totalidad. No se separaba lo espiritual de lo material, lo eterno de lo temporal, el alma del cuerpo. El propósito integral de la redención por parte de Dios (I Tes. 5:23) hallaba correspondencia y expresión en los aspectos varios de la fraternidad en Cristo.

La Iglesia hoy tiene que recobrar lo que de esos tres elementos de la comunión cristiana ha perdido.

Necesidad de la comunión

El ser humano es sociable por naturaleza. Nuestra personalidad no puede desarrollarse sin el contacto con otras personas. Cuanto más estrecho es ese contacto tanto más enriquecedor resulta. Pero la sociedad de nuestro tiempo se deshumaniza más y más. Con más medios para suplir sus necesidades materiales y proporcionarse placer, las personas, en gran mayoría, se sienten mucho más solas porque las relaciones humanas son cada día más impersonales.

La iglesia debiera ser un refugio para quienes viven abrumados por su soledad, inconversos o creyentes. Pero esto sólo es factible cuando entre los miembros hay una comunión genuina, cuando el amor de Dios brilla a través del amor de sus hijos y cada uno se siente querido y aceptado, a pesar de su carga de defectos.

Por otro lado, la comunión cristiana es indispensable para el crecimiento espiritual. La enseñanza, con todos sus valores, por eficaz que sea, no puede resolver todos los problemas que a menudo preocupan a una persona a menos que vaya acompañada de una intercomunicación franca a nivel profundo.

En iglesias grandes —y también en muchas pequeñas— la comunión verdadera resulta difícil. Los contactos de los miembros entre sí se limitan a unas palabras de saludo después del culto o a algunas conversaciones superficiales. Esto, de por sí, es hermoso y hace bien; pero es insuficiente. Aun quienes tienen mayor relación por pertenecer a una junta, a una comisión o a un grupo de trabajo, aparte de la discusión de los asuntos en que se ocupan, poco o nada dialogan sobre lo que para cada uno es de supremo interés: sus inquietudes, sus conflictos o sus alegrías personales, tanto de carácter espiritual como temporal. Nada digamos de aquellos que, por no estar encuadrados en ningún grupo especial, viven paradójicamente aislados en medio de la comunidad; son grandes solitarios en la familia de la fe. Por lo general, su desarrollo espiritual es defectuoso.

Deber de los dirigentes de la iglesia es evitar que abunde ese tipo de experiencia. Pero ¿puede hacerse algo para impedirlo? ¿Acaso está a su alcance la producción de una comunión en la que todos los miembros participen con tanta intensidad como profundidad?

Cómo fomentar la comunión en la iglesia

Es evidente que la comunión cristiana sólo florece como resultado de la fe que obra por el amor. Si falta esta fe dinámica, no puede haber ni amor a Dios ni amor a los hermanos, y sin amor toda comunión digna del concepto novotestamentario es imposible. De la manera que la evangelización se lleva a cabo de modo espontáneo cuando el creyente está lleno del Espíritu y de la Palabra, así sucede con la comunión. No hay programa ni técnica que pueda producir lo que es privativo de la vida espiritual abundante.

No obstante, algo puede hacerse para encauzar las ansias de confraternidad que generalmente hay en toda iglesia. Para ello es necesario:

Estimular la comunión mediante la enseñanza

A través de la predicación, de conferencias, de conversaciones privadas o en grupos, debe instruirse a los creyentes en lo tocante a sus relaciones mutuas. Es imprescindible que entiendan la naturaleza de la comunión, su necesidad y sus requisitos.

Promoverla adecuadamente

A tal efecto, puede recomendarse el cultivo de amistades cristianas entre los miembros de la iglesia que permitan una comunión espiritual de cierta profundidad. Esto resultará más fácil al principio si se intenta con personas afines. A menudo, tales amistades surgen de modo natural. Pero es indispensable que en cualquier caso no se nutra de las afinidades humanas sino de la comunicación espiritual. De lo contrario, cada uno de los amigos seguirá sintiéndose abrumadoramente solo ante sus problemas espirituales, en el fondo los más serios e inquietantes.

Puede ser asimismo aconsejable que tales amistades, en su inicio, unan a las personas de dos en dos. El doctor Hans Bürki, en su libro *Zweierschaft* (Emparejamiento), recomienda esta comunión de dos. Sin embargo, aparte del matrimonio, puede tener sus inconvenientes. A menos que se viva con miras a hacerla productiva en todos los órdenes y ampliarla en el seno de la comunidad cristiana, fácilmente se convertirá en un diminuto círculo estéril, con posibilidades de degenerar en pecaminoso.

Lo ideal es que se formen núcleos no muy numerosos en los que los creyentes tengan oportunidad de vivir más intensamente la experiencia de la comunión.

Este tipo de núcleos se origina a veces espontáneamente entre personas ocupadas en la misma actividad de la iglesia. Pero, como hicimos notar, no siempre la actividad genera comunión; a menudo es causa de fricción. En los grupos de trabajo es importante que sus componentes estén unidos no sólo por la labor que realizan juntos, sino por un intercambio de experiencias y sentimientos personales que afectan hondamente a cada uno de ellos.

La importancia creciente que el movimiento de núcleos está adquiriendo en muchas partes del mundo nos obliga a dedicarles un punto aparte.

Grupos de estudio bíblico y comunión

Contrariamente a lo que algunos puedan suponer, no son una novedad. Tienen antecedentes en los grupos apostólicos y en las reuniones que los primeros cristianos tenían en las casas (Hec. 1:13, 14; 2:46; Rom. 16:5; I Cor. 16:19; Col. 4:15; Film. 2).

Uno de los factores que más contribuyeron al éxito de la obra de Juan Wesley fue la organización de «clases» o grupos que no excedían de quince participantes. En ellas se recibía instrucción y fuerte apoyo moral, pero al mismo tiempo se animaba a los presentes a referir sus experiencias. Además de las clases, había subgrupos más pequeños denominados *bands*, compuestos por no más de cuatro personas, las cuales se reunían semanalmente en un ambiente de comunión más íntima que les permitía exponer y discutir sus problemas espirituales, incluidos sus pecados y tentaciones.

George Whitefield, contemporáneo de Wesley, escribía a sus convertidos: «Hermanos... digámonos llana y libremente lo que Dios ha hecho en nuestras almas; para hacer eso, como otros lo han hecho, lo mejor es formar pequeños grupos de cuatro o cinco personas y tener una reunión una vez por semana para contaros lo que tengáis en vuestros corazones, para que podáis orar y confortaros unos a otros según sea la necesidad. Nadie, excepto quien las ha experimentado, puede hablar de las ventajas inexplicables de tal unión y comunión de almas... Nadie —pienso yo— que de verdad ame su alma y a su hermano como a sí mismo podrá avergonzarse de abrir su corazón para tener consejo, reproche, admonición u oraciones según la ocasión lo demande. Una persona sincera lo estimará como una de las más grandes bendiciones» (2).

Esta orientación de la comunión cristiana fue una gran bendición para muchos en una época en que los nuevos sistemas de vida impuestos por la industrialización deterioraban seriamente las relaciones humanas. La situación en nuestro tiempo es todavía peor. De aquí el entusiasmo que aun en el mundo secular se siente por los pequeños grupos, los cuales, en opinión del eminente psicólogo Carl R. Rogers, son «el fenómeno social de mayor expansión» en los Estados Unidos, sin duda porque «ayudan a abrirse camino a través de la alienación y la deshumanización de nuestra cultura» (3). En muchos otros países se observa el mismo fenómeno, especialmente en el campo religioso. Ello explica la proliferación de las comunidades de base dentro de la Iglesia Católica y de numerosos grupos, diversos en su enfoque, en el campo protestante.

Entre estos últimos, los más positivos son los de estudio bíblico. Otros, más influenciados por una dinámica de grupos en los que la psicología desplaza a la Biblia, pueden crear más problemas que los que solucionan. En ellos se sigue, más o menos, la técnica del *sensitivity training* (entrenamiento de la sensibilidad) a base de la autoacusación y la crítica recíproca, que frecuentemente resulta hiriente en extremo.

Más bibliocéntricos son los *sharing groups* (grupos de participación), en los que se da gran importancia a la comu-

---
2. Cit. por John Stott en *One people: laymen and clergy in God's Church*, Inter-Varsity Press, p. 88.
3. Cit. por Robert C. Leslie en *Sharing groups in the church*, Abingdon Press, p. 19.

nicación de sentimientos. Algunos de ellos parecen ceñirse más a determinados patrones psicológicos que a una línea más libre y espontánea de respuesta a la Palabra de Dios, y con facilidad pueden provocar un tipo morboso de introspección. Sin embargo, bien dirigidos, han sido de ayuda a muchas personas.

El análisis de las experiencias acumuladas en este campo parece aconsejar reuniones de grupos, compuestos por un número no superior a doce personas cada uno, en los que se estudie la Escritura con espíritu abierto y se dé oportunidad no sólo para exponer opiniones sobre el texto bíblico, sino también —y sobre todo— para la aplicación práctica del texto en la vida de los participantes. Cada uno de éstos ha de hacerse dos preguntas: «¿Qué dice, qué significa la porción leída?» Y «¿Qué me dice a mí?»

En respuesta a la última pregunta, los componentes del grupo deben sentirse con libertad para presentar sus problemas morales o espirituales, sus dudas, sus derrotas, lo mismo que sus experiencias más positivas. Es básico que nadie haga alardes de triunfalismo, que no se muestre espiritualmente superior a los demás o que sus intervenciones entrañen un juicio condenatorio respecto a otro u otros de los presentes, lo cual siempre produce efectos de cohibición y distanciamiento.

Las necesidades y preocupaciones de cualquier tipo que inquietan a un miembro debieran ser compartidas por los demás en oración y, a ser posible, de modo práctico.

Toda la actividad de estos grupos debiera ser regida por la naturalidad, la libertad, la autenticidad, la simpatía, la aceptación mutua en amor, el respeto y la máxima discreción. Cuando prevalecen estas características, los grupos contribuyen de modo eficaz a la instrucción cristiana y hacen más viva y eminentemente provechosa la comunión fraternal.

Mencionados los beneficios que los grupos pueden reportar, es saludable aludir también a sus posibles *inconvenien-*

tes. Los guías de una iglesia han de estar atentos a ellos y tratar de remediarlos.

Los componentes de un grupo, en cuyo seno llegan a tener una notable experiencia positiva, con facilidad menosprecian, más o menos inconscientemente, al resto de la iglesia y sus actividades; fuera de su pequeño círculo sólo ven superficialidad y falta de autenticidad. La tentación al orgullo espiritual, a la falta de comprensión y caridad es en tales casos muy fuerte. A poco que se caiga en ella, el grupo puede convertirse en semillero de murmuraciones y discordias dentro de la iglesia.

También existe el riesgo —como adelantamos en el capítulo sobre evangelización— de que cada grupo se convierta en una capillita, que sus miembros vivan en y para él con tal intensidad que pierdan su interés por cualquier otra actividad fuera del mismo en el marco más amplio de la iglesia a la que pertenecen, lo que revela una ausencia total de conciencia corporativa.

Otras veces sucede que se apodera del grupo un gran ardor «proselitista». Se intenta ganar a toda costa, a veces con grandes presiones, a otros creyentes para que se unan a ellos o formen nuevos grupos, aun sin la seguridad de que éstos puedan tener un guía adecuado. Pero hay personas que nunca se integrarán en un círculo en el que, aun equivocadamente, puedan ver un atentado a su intimidad personal. Prejuzgar sobre la base de este hecho la sinceridad y la piedad de tales personas es crear tensiones conflictivas.

Las dificultades apuntadas muestran el imperativo de velar para que los grupos, medio de comunión, no se conviertan en elementos de anti-comunión. Insistimos en lo aconsejable de tales núcleos, pero también en la necesidad de que al frente de ellos haya siempre personas maduras, bien formadas y leales a la iglesia. Si no puede disponerse de tales personas, es preferible no iniciar experimentos de resultados inciertos. En este caso, lo más recomendable es que los guías de la iglesia formen unos grupos iniciales en los que ellos mismos participen juntamente con los líderes futuros de nuevos grupos, los cuales recibirán así una formación práctica. Y si el plan, por diversas circunstancias, resulta inviable o presenta pocas posibilidades de realización satisfactoria, es preferible aplazar su puesta en práctica y orar para que Dios lo haga factible.

Además, debe tenerse en cuenta que, aunque el ideal es que todos los miembros de una iglesia puedan estar incluidos en alguna esfera satisfactoria de comunión, sería una utopía esperar que todos lleguen a esa inclusión, pues no todos están interesados en ella. «Intentar organizar toda una iglesia en pequeños grupos de participación pasa por alto este hecho importante y condena el programa al fracaso antes de que dé comienzo. Los mejores grupos no son organizados; más bien son promovidos» (4).

El servicio, fruto de la comunión

Ni el cristiano, ni el grupo, ni la iglesia pueden vivir sólo para sí mismos. La *koinonía* del Nuevo Testamento va acompañada de la *diakonía*. La comunión fomenta el servicio. En él radica lo esencial del ministerio de la iglesia.

El servicio puede tener dos formas: testimonio y acción. Los primeros cristianos, fortalecidos por la comunión que tenían entre sí, llenos del Espíritu Santo, se convirtieron en testigos de Jesucristo que no cesaban de proclamar la buena nueva. Y no se limitaron a hablar. Sus obras hablaban tan elocuentemente como sus palabras. Impulsados por el amor, afrontaron toda suerte de necesidades con abnegación admirable. Todos se sentían solidarios de todos. Los bienes eran repartidos «según la necesidad de cada uno» (Hec. 2:45), con lo que por primera y única vez se realizaba la aspiración suprema del más puro comunismo. Esta experiencia constituía la interpretación práctica de Romanos 12:5, y, aunque

---

4. Robert C. Leslie, *op. cit.*, p. 47 .

no haya de repetirse al pie de la letra en todos los casos, el espíritu que la inspiró habría de revivir en la Iglesia de hoy.

Asimismo, el servicio cristiano tiene dos esferas: la interior y la exterior, la iglesia y el mundo. El principio de Gálatas 6:10 es lógico. La caridad y el servicio deben empezar por la propia casa de Dios, pero la iglesia jamás ha de convertirse en un *ghetto*. Ha de proyectarse hacia fuera. Ha de encarnar el amor de Dios hacia el mundo entero. Es bíblico que el pueblo de Dios dé prioridad a la evangelización, pero ésta no puede desvincularse de una honda preocupación por los males que afligen a la humanidad. En esto Jesús nos ha dejado un ejemplo sin parangón (Mat. 4:23; 9:35, 36; Luc. 4:16-21; Hec. 10:38).

La Historia de la Iglesia nos ofrece páginas brillantes en las que la acción misionera aparece unida a la promoción de la justicia, del socorro a los menesterosos, de la cultura, del bienestar humano en general. Es alentador que, tras casi un siglo de indiferencia social, la Iglesia esté recobrando en nuestros días el sentido de su responsabilidad como sal de la tierra y luz del mundo. Así se puso de relieve en el «Pacto de Lausana» aprobado en el Congreso Internacional sobre Evangelización en 1974, del que entresacamos las siguientes líneas: «Damos expresión a nuestro arrepentimiento por nuestra negligencia y por haber considerado que la evangelización y la preocupación social se excluyen mutuamente. Aunque la reconciliación con el hombre no es reconciliación con Dios, ni es la acción social evangelización, ni la liberación política es salvación, afirmamos, sin embargo, que la evangelización y el compromiso sociopolítico forman parte de nuestro deber cristiano» (5).

En la esfera de la iglesia local debería enfatizarse la inseparabilidad de comunión y servicio, incluido el que ha de prestarse directa o indirectamente a la comunidad social en que se halla inserta y ante la cual testifica. No es difícil per-

---
55. *The Lausanne Covenant*, exposición y comentario por John Stott, World Wide Publications, p. 25.

catarse de las necesidades existentes en torno a la iglesia que equivalen a oportunidades diacónicas: familias atribuladas, enfermos, ancianos, matrimonios rotos o en trance de disolución, personas desplazadas por la migración envueltas en problemas de adaptación, jóvenes sin calor de vida familiar, pobres, analfabetos, etc. Si los cristianos hoy tuviéramos ojos y corazón más sensibles a estas situaciones dramáticas y actuáramos con la compasión que caracterizó a nuestro Señor (Mt. 14:14), la influencia de la iglesia produciría maravillas análogas a las que se vieron en los tiempos apostólicos.

El pastor con visión descubrirá en esta perspectiva posibilidades insospechadas para la efectividad de su ministerio.

CUESTIONARIO

1. *¿Qué manifestaciones tuvo la comunión cristiana en la iglesia primitiva?*

2. *¿Por qué la comunión fraternal es un imperativo?*

3. *¿Qué ventajas y qué peligros pueden observarse en los grupos pequeños de estudio bíblico y comunión?*

4. *¿Qué posibilidades de servicio práctico tienen hoy las iglesias cristianas?*

5. *¿En qué sentido y hasta qué punto debe contribuir la iglesia a la «liberación» humana?*

EPILOGO

Al llegar a la conclusión de esta obra, la grandiosidad del ministerio cristiano nos maravilla. Pero al mismo tiempo nos amilana. Sus dificultades se han hecho más patentes y de nuevo, con mayor fuerza, vuelve a nuestra mente la pregunta del apóstol: «¿Quién es capaz para esto?» (II Cor. 2:16).

La labor ministerial ha sido ardua en todos los tiempos. Pero hoy, quizá más que nunca, exige valor a toda prueba. La Iglesia se enfrenta con un mundo que se jacta de vivir en una era poscristiana, y cuando trata de responder adecuadamente a este reto exterior descubre su propia debilidad interior. En ese doble frente, la evangelización del mundo y el avivamiento de la propia Iglesia, el ministro ha de librar sus combates. Conviene, por tanto, que, además de predicador, pastor, consejero, organizador y muchas cosas más, sea un estratega. Su éxito dependerá del conocimiento que tenga tanto del adversario como de sus propias posibilidades y de los refuerzos que puede recibir.

El soldado de Jesucristo no puede cerrar los ojos a los poderes que hoy combaten contra la fe cristiana. En los campos de la filosofía, la antropología, la sociología y la psicología, el ateísmo gana terreno. El secularismo pugna por desterrar toda inquietud religiosa de tipo trascendente. La salvación en su aspecto espiritual, con su proyección escatológica ultraterrena, es descartada como un mito pasado de moda. Lo único que importa es lo de este «siglo», lo temporal, lo meramente mundano. Y el materialismo, tanto el llamado científico como el práctico, realiza conquistas devastadoras. La sociedad de consumo ha vuelto a entronizar, más alto que nunca, a Mammón, dios de las riquezas. La obsesión de poseer y gozar de placer domina a la inmensa mayoría de seres humanos. Las reivindicaciones sociales que se propugnan, justas en muchos casos, tienen generalmente un fondo más hedonista que moral. Muchos movimientos humanistas de liberación son terriblemente incompletos, porque tratan de redimir al hombre de la pobreza y la opresión —lo cual es muy loable—, pero no de su egoísmo innato, causa de toda perturbación social. Y en su afán materialista matan toda inquietud espiritual. Resultado: «Surge un tipo de homque, sin lamentarlo, va perdiendo sus vínculos con el Creador y no conoce ya las dudas de la fe ni los conflictos de conciencia» (1).

En el orden moral, tiende a prevalecer el relativismo. Más y más se extiende la idea de que no existen valores éticos absolutos. El relativismo y el subjetivismo son las características de la «ética de situación» de nuestro tiempo, en cuyos postulados no pueden encajar los principios inalterables de la revelación bíblica. La máxima de Agustín, «ama y haz lo que quieras», ha sido degradada al desarraigarla de su contexto religioso y convertirla en salvoconducto para llegar a puntos prohibidos por la normativa bíblica.

A la «nueva moral» se unen algunas corrientes psicológicas que ven en los principios morales del Evangelio peligrosas causas de represión y de neurosis diversas. Este punto de vista tiene especial aceptación en el terreno de la sexualidad. donde observamos una situación análoga a la que prevalecía en los días de mayor decadencia de la civilización grecorromana, con la consiguiente desvalorización del matrimonio, la paternidad, la familia, y con el florecimiento de

---

1. Michael Pfliegler, *op. cit.*, 177.

inevitables secuelas: amor libre, promiscuidad, así como homosexualidad, divorcio y aborto fácilmente legalizados. En una sociedad imbuida de ideas tan disolventes y entregada a prácticas tan generalizadas, mantener el testimonio de la verdad bíblica sin claudicaciones exige temple de profeta.

Pero no son los ataques frontales procedentes del exterior los más peligrosos para la Iglesia cristiana. Más graves son los que se originan en su interior. Las herejías y los dogmas antibíblicos surgidos en el seno de la cristiandad han dañado más a la Iglesia que todas las persecuciones y todas las filosofías no cristianas juntas.

Hoy, cuando todavía se lucha en las brechas abiertas por el racionalismo hace dos siglos, hemos de hacer frente a otro gran peligro: el sincretismo, la tendencia a conciliar las doctrinas más dispares entre sí, el prurito de establecer un sistema en el que quepan todas las creencias bajo el principio supremo del respeto mutuo y el mutuo reconocimiento. Se trata de un movimiento más avanzado que el ecumenismo, pues aspira a englobar no sólo las diferentes confesiones cristianas, sino todas las ideologías en una acción unificadora de sesgo netamente humanista. En esta amalgama, por supuesto, no hay lugar para posturas abiertamente evangélicas. El mensaje cristiano ha de despojarse de toda pretensión de superioridad o exclusividad emanada de una auténtica revelación divina. Según la dogmática sincretista, Cristo puede ser *un* camino, pero no *el* camino; *una* faceta de la verdad, pero no *la* verdad, *un* elemento vital, pero no *la* vida; asegurar que «no hay bajo el cielo otro nombre dado a los hombres en el que puedan ser salvos» (Hec. 4:12) es una declaración totalmente inadmisible para la mente del hombre moderno. De este modo se atenta contra la integridad del Evangelio extrayendo de él como válido sólo aquello que constituye factor común de otras religiones, reduciéndolo a lo que Kierkegaard denominaba «cristianismo vaporizado, conciencia cultural, hez del cristianismo».

Todas estas corrientes de pensamiento influyen en la sociedad no cristiana. Pero se introducen, asimismo, en la Iglesia, donde causan graves daños. Muchos creyentes o son seducidos por las nuevas ideas o se dejan contagiar del materialismo y la indiferencia que prevalecen a su alrededor, lo que da como resultado el debilitamiento de su vida espiritual y la inefectividad de su testimonio.

¿Qué hacer en tales circunstancias? También entre muchos líderes cristianos reina el desconcierto. ¿Debe adoptarse una actitud de resignación fatalista ante la imposibilidad de cambiar o detener esas corrientes del mundo moderno? ¿Ha de encastillarse la Iglesia en sus posiciones y aislarse de toda influencia exterior? ¿Tiene que mantener su fe y proclamarla siguiendo las mismas tácticas de otros tiempos? ¿O debe abrirse, evolucionar y adaptarse a la nueva situación?

Todas estas formas de estrategia se han ensayado con resultados poco satisfactorios. La resignación conduce a la inmovilidad; el aislamiento, a la inoperancia; el tradicionalismo, a menudo, al anacronismo estéril. Pero la evolución y la adaptación ¿no engendran tipos de testimonio igualmente infecundos?

Esto último —gran tentación en nuestros tiempos— es lo que sucede cuando la Iglesia pierde de vista su naturaleza y su misión, cuando trata de paliar su infructuosidad mediante actividades que le son impropias, sin resolver el problema básico que es el avivamiento de la fe y la recuperación del poder espiritual. El diagnóstico presentado por Jörg Zink con motivo de su versión popular del Nuevo Testamento al alemán es digno de reflexión: «Durante veinte años nos hemos ocupado en actividades. Durante veinte años hemos vivido cara al exterior, tratando de adentrarnos en la esfera de la sociedad, en la publicidad, en la política, en el mundo laboral, en las polémicas de la filosofía, la psicología o la pedagogía. En nuevas olas sucesivas, se ha lanzado la Iglesia hacia el mundo alcanzando cada vez nuevos dominios y penetrando en ellos (cuando lo ha conseguido). Y las iglesias, al mismo tiempo —contrariamente a lo que cabía esperar— nada han ganado en credibilidad, sino que han perdido en significación. El cuadro de la Iglesia aparece a mis ojos como una actividad circular que se expande en todas direcciones, mientras que en el interior del círculo se extiende el vacío. Quienes en serio desean ser cristianos empiezan a tener hambre. Quisiera hacer una advertencia. Una cosa es necesaria, no una multiplicación de cosas» (2).

¿Y qué es esa cosa necesaria? La fidelidad al Evangelio. Pueden variar las formas de culto, los métodos de evangelización, el lenguaje empleado, los sistemas de organización de la iglesia, las tradiciones, los modos de relacionarnos con la sociedad. Pero el Evangelio en sí es intocable. No podemos modificar su mensaje. No podemos alterar ni sus hechos, ni sus verdades, ni sus exigencias.

Tampoco tenemos motivo para hacerlo. Las necesidades humanas más profundas siguen siendo hoy las mismas de todos los tiempos. La amargura de la soledad, los sentimientos de frustración, de culpa y de impotencia moral, la necesidad de amor verdadero, las ansias de inmortalidad subyacen en toda conciencia humana y claman por una voz autorizada que traiga luz y paz. Esta es la voz de Dios que resuena cada vez que se proclama la Buena Nueva, el Evangelio de la redención en Jesucristo.

El siervo del Señor no tiene por qué avergonzarse de su mensaje. Este sigue siendo actualmente lo que era en días apostólicos, poder de Dios para salvar a todo aquel que cree. El Evangelio no ha perdido su eficacia para llenar el corazón humano con el gozo del perdón y de una vida transformada. Tampoco ha perdido su capacidad para convertir al discípulo de Jesús en sal de la tierra y luz del mundo. Tanto en su vertiente individual como en su vertiente social, el Evangelio es aún —y seguirá siendo— la respuesta más completa, la más positiva, a los anhelos más serios que palpitan en el ser humano.

---

2. Cit. por Adolf Köberle, *Der Gärtner*, 19 sept. 1976.

En esa energía intrínseca del Evangelio y en el poder del Espíritu de Dios, encuentra el ministro de Cristo los refuerzos necesarios para proseguir su lucha con denuedo.

Puede decir con Eliseo: «Más son los que están con nosotros que los que están con ellos» (II Rey. 6:16). Sabe que a su lado, frente a todos los poderes anticristianos, visibles e invisibles, humanos y satánicos, actúan las fuerzas del Reino de su Señor. No importa lo aparentemente incierto del combate. Los avances del adversario y los retrocesos del pueblo de Dios no son nunca definitivos. El soldado de Cristo sabe que bajo cualquier forma de humillación palpita el espíritu de la resurrección. Vislumbra la gloria del triunfo final. En su interior oye anticipadamente el gran clamor: «¡Aleluya, porque el Señor nuestro Dios Todopoderoso reina!» (Apoc. 19:6). Comprende que su ministerio es una epopeya maravillosa. Y marcha adelante, convencido de que no hay vida más digna ni más grande que la que se vive al servicio del «Rey de reyes y Señor de señores».

Selección bibliográfica

Las obras aparecen en grupos lingüísticos por orden alfabético de autores.

I PARTE

H. Harvey, *El pastor*, Casa Bta. de Publicaciones, El Paso.
Francisco Lacueva, *La Iglesia cuerpo de Cristo*, CLIE.
C. H. Spurgeon, *Discursos a mis estudiantes*, Casa Bta. de Publicaciones.
John Stott, *El cuadro bíblico del predicador*, CLIE.
A. Treviño, *El predicador*, Casa Bta. de Publicaciones.
John Williams, *Iglesias vivientes*, Literatura Bíblica.

Richard Baxter, *The reformed pastor*, The Religious Tratc Society.
Charles Bridges, *The Christian ministry*, The Banner of Truth.
J. H. Jowett, *The preacher, his life and work*, Hodder and Stoughton.
Mariscal Montgomery, *The path to leadership*, Collins.
Derek Prime, *A Christian's guide to leadership*, Hodder and Stoughton.
J. Oswald Sanders, *Spiritual leadership*, Lakeland.
John Williams, *Living churches*, The Paternoster Press.

II Parte

Karl Barth, *La proclamación del Evangelio*, Ed. Sígueme.
A. W. Blackwood, *La preparación de sermones bíblicos*, C.B.P.
Juan A. Broadus, *Tratado sobre la predicación*, C.B.P.
Juan A. Broadus, *Historia de la predicación*, C. B. P.
James D. Crane, *El sermón eficaz*, C.B.P.
Tomás H. Hughes, *La psicología de la predicación y de la obra pastoral*, «La Aurora».
J. H. McBurney y E. Wrage, *El arte de bien hablar*, Argos.
Samuel Vila, *Manual de Homilética*, CLIE.

John E. Baird, *Preparing for platform and pulpit*, Abingdon Press.
Baker's, *Dictionary of Practical Theology*, Marshall and Scott.
Arthur S. Hoyt, *The work of preaching*, The Macmillan Company.
H. Jeffs, *The art of sermon illustration*, James Clarke and Co.
C. W. Koller, *Expository preaching without notes*, Baker Book House.
Martyn Lloyd-Jones, *Preaching and preachers*, Hodder and Stoughton.
Clarence A. Macartney, *Preaching without notes*, Abingdon.
W. Edwin Sangster, *The craft of sermon construction*, The Epworth Press.
W. Edwin Sangster, *Power in preaching*, The Epworth Press.
C. H. Spurgeon, *Lectures to my Students* (II), Passmore and Alabaster.
James. S. Stewart, *Preaching*, Hodder and Stoughton.
Merrill F. Unger, *Principles of expository preaching*, Zondervan.

Rudolph Bohren, *Predigtlehre*, Chr. Kaiser.
F. Klostermann y R. Zerfass, *Praktische Theologie heute*, Kaiser/Grünewald.
Adolph Pohl, *Anleitung zum Predigen*, J. G. Oncken.

SELECCIÓN BIBLIOGRÁFICA 243

III Parte

SELECCION DE OBRAS SOBRE PASTORAL EN GENERAL (1):

C. W. Brister, *El cuidado pastoral en la iglesia*, C.B.P.
Louis Debarge (católico), *Psicología y Pastoral*, Herder.
Thomas H. Hughes, *La psicología de la predicación y de la obra pastoral*, «La Aurora».
Jorge A. León, *Psicología de la experiencia personal*, Editorial Caribe.
Michael Pfliegler (católico), *Teología Pastoral*, Herder.

RELATIVAS A LOS DIVERSOS CAPITULOS DE NUESTRA OBRA:

Capítulos XVII - XVIII

Jean Delay y Pierre Pichot, *Manual de Psicología*, Toray-Masson.
Calvin S. Hall, *Compendio de Psicología Freudiana*, Paidos.
O. Hallesby, *Temperamento y fe cristiana*, Edit. Caribe.
P. Daco, *Tu personalidad*, Daimón.
Daniel Lagache, *El Psicoanálisis*, Edit. Paidos.
Clyde M. Narramore, *Enciclopedia de problemas sicológicos*, Zondervan.

Jay E. Adams, *Competent to counsel*, Presbyterian and Reformed Publishing House.
Harold W. Darling, *Man in his right mind*, the Paternoster Press.
William Goulooze, *Pastoral Psychology*, Baker Book House.
Malcom A. Jeeves, *Psychology and Christianity: the view both ways*, Inter-Varsity Press.
David Stafford-Clark, *Psychiatry today*, Penguin Books.
Karl R. Stolz, *Pastoral Psychology*, Abingdon-Cokesbury.

---

(1) Pueden incluirse la mayoría de títulos de la I parte.

Capítulo XIX

Arana, P., *Progreso, técnica y hombre*, Ediciones Evangélicas Europeas.
Berkouwer, *Incertidumbre moderna y fe cristiana*, Ediciones Evangélicas Europeas.
Bigg, D., *La racionalidad de la revelación*, Ediciones Evangélicas Europeas.
Escobar, S., Padilla, R. y Myamouchi, E. *¿Quién es Cristo Hoy?*, Editorial Certeza.
Pieters, Albert, *Hechos y misterios de la fe cristiana*, Editorial CLIE.
Schaeffer, F. A., *Huyendo de la razón*, Ediciones Evangélicas Europeas.
Schaeffer, F. A., *La verdadera espiritualidad*, Logoi.
Stott, John R. W., *Creer es también pensar*, Editorial Certeza.
Stott, John R. W., *Cristianismo básico*, Editorial Certeza.

Ramm, Bernard, *The Christian view of Science and Scripture*. The Paternoster Press.
Simpson, P. C., *The fact of Christ*, Hodder and Stoughton.
Young, Edward J., *Thy Word is truth*, The Banner of Truth Trust.

Capítulo XX

Paul Tournier, *Técnica psicoanalítica y fe religiosa*, «La Aurora».
Paul Tournier, *Guilt and grace*, Hodder and Stoughton.
Martyn Lloyd-Jones, *Spiritual depression*, Eerdmans.

Capítulo XXI

Joseph Beyly, *Cuando me golpeó la muerte*, Caribe.
Leslie D. Weatherhead, *La salud de la personalidad*, «La Aurora».

C. S. Lewis, *The problem of pain*, Geoffrey Bles, The Centenary Press.
A. E. Wilder Smith, *The paradox of pain*, Harold Shaw Publishers.

Helmut Thielicke, *Das Schweigen Gottes*, Furche. Verlag.

Capítulo XXII

Varios autores, *Sexo y Biblia*, Ediciones Evangélicas Europeas.
T. Bovet, *El matrimonio, ese gran misterio*, Fomento de Cultura, Ediciones, Valencia.
W. U. Capper y H. U. Williams, *Sexo y matrimonio*, Ed. Certeza.
Maurice Ray, *El descubrimiento del amor*, Ediciones Evangélicas Europeas.
Paul Tournier, *La armonía conyugal*, «La Aurora».
W. Trobisch, *Yo me casé contigo*, Ed. Sígueme, Salamanca.
H. Norman Wright, *Comunicación, clave de la felicidad conyugal*, CLIE.
Margaret Warde, *This marriage business*, Scripture Union, London.

Capítulo XXIII

Guy Avanzini, *Los años de la adolescencia*, Nova Terra.
Carlos T. Gattinoni, *Juventud en acción*, «La Aurora».
José Llopis, *La orientación del adolescente y la «guidance of youth»*, Herder.
Francis Schaeffer, *Los caminos de la juventud hoy*, Ediciones Evangélicas Europeas.
F. W. Stewart, *Un estudio de la adolescencia*, «La Aurora».

Mary Batchelor, *Your teenagers*, Scripture Union, London.
J. B. Taylor y otros, *Evangelism among children and young people*, Scripture Union, London.

Günther Klempnauer, *Jugend aktuell*, R. Brockhaus.
Walter Wanner, *Jugend aktiv*, Brunen-Verlag GmbH.

Capítulos XXVI - XXIX

Dick Carlson, *La dirección moderna*, Editorial Deusto.
G. S. Dobbins, *Aprenda a ser líder*, Casa Bautista de Publicaciones.
G. Fingermann, *Conducción de grupos y masas*, «El Ateneo».

Capítulo XXXI

S. F. Brenner, *The way of worship*, Macmillan.
D. Horton, *The meaning of worship*, Harper and Brothers.
J. A. Kay, *The nature of Christian worship*, Epworth Press.
M. H. Shepherd, *The worship of the church*, Seabury Press.

Capítulo XXXII

R. E. Colemann, *Plan supremo de evangelización*, Editorial Caribe.
Michael Green, *La evangelización en la iglesia primitiva*, Ed. Certeza.
Stott, Lloyd-Jones, Grau, *La evangelización y la Biblia*, Ediciones Evangélicas Europeas.

G. Campbell Morgan, *Evangelism*, Henry E. Walter, Ltd.
Evangelical Alliance, *On the other side*, Scripture Union, London.
European Congress on Evangelism, *Evangelism alert*, World Wide P.
International Congress on World Evangelization (Lausana), *Let the earth hear His voice*, World Wide P.

D. Jame Kennedy, *Evangelism explosion*, Tyndale House Publishers.
Paul E. Little, *How to give away your faith*, Inter-Varsity Press.
Tom Rees, *Break-through*, Hildenborough Hall.
World Congress on Evangelism, *One race, one Gospel, one task*, World Wide Publications.

Capítulo XXXIII

C. H. Benson, *El arte de enseñar*, Editorial Caribe.
C. H. Benson, *Guía para la obra de la Escuela Dominical*, Ed. Caribe.
D. S. Campbell, *El maestro eficiente*, C.B.P.
F. B. Edge, *Metodología pedagógica*, C.B.P.
F. B. Edge, *Pedagogía fructífera*, Casa Bautista de Publicaciones.
J. M. Gregory, *Las siete leyes de la enseñanza*, C.B.P.
P. Osterrieth, *Psicología infantil*, Editorial Morata, Madrid.
Weige, Winchester y Athearn, *Curso preparatorio para los maestros*, Lamar y Barton.

C. H. Benson, *An Introduction to child study*, The Bible Inst. Colportage Association.
L. E. Brown y B. Reed, *Your Sunday School can grow*, G/L. Publ.
F.C. McLester, *Our pupils and how they learn*, Cokesbury Press.
J. M. Price, *Personal factors in character building*, The S. S. Board of the Southern Baptist C.

Capítulo XXXIV

John Hendrix, *Constituyéndose en grupo*, C.B.P. El paso.
Ray C. Stedman, *La Iglesia resucita*, CLIE.

Earle E. Cairns, *Saints and Society*, Moody Press.
Derek B. Copley, *Home Bible studies*, The Paternoster Press.
Michael Griffiths, *Cinderella with amnesia*, Inter-Varsity Press.
Robert C. Leslie, *Sharing groups in the church*, Abingdon Press.
Lawrence O. Richard, *A new face for the Church*, Zondervan Publ. House.
John Stott, *The Lausanne Covenant*, Worl Wide Publications.

Becker, Gudjons, Koller, *Christen nehmen Stellung: Gruppendynamic*, Rolf Kühne.